# architekten
## und ihre häuser

AUS DEM FRANZÖSISCHEN VON
**Bernadette Ott**

TEXT
**Jean-Louis André**

FOTOGRAFIEN
**Éric Morin,
in Zusammenarbeit mit
Sylvie Bouron**

KNESEBECK

# Inhalt

| | |
|---|---|
| Wie Architekten wohnen | 6 |
| Ricardo Bofill | 8 |
| Paul Chemetov | 22 |
| Günther Domenig | 32 |
| Massimiliano Fuksas | 42 |
| Vittorio Gregotti | 52 |
| Hiroshi Hara | 60 |
| Norihide Imagawa | 70 |
| Enric Miralles und Benedetta Tagliabue | 80 |
| Claude Parent | 92 |
| Gustav Peichl | 102 |
| Paolo Portoghesi | 114 |
| Richard Rogers | 126 |
| Heinrich Stöter | 136 |
| Bernard Tschumi | 144 |
| Oswald Mathias Ungers | 150 |
| Robert Venturi und Denise Scott Brown | 160 |
| Shoei Yoh | 172 |
| Biographische Daten | 186 |
| Bibliographie | 190 |
| Danksagung | 191 |

# Wie Architekten wohnen

*Raum, Form, Lebenskunst ...*

Wenn Architekten für andere Menschen Häuser bauen, ist dies ihr Beruf. Wie aber sind die Räume beschaffen, in denen sie selbst leben? Sie dort zu besuchen kommt nicht nur persönlichen Vorlieben entgegen oder befriedigt eine Sehnsucht nach Einblicken in das Privatleben, sondern es geht auch darum, den kleinen Geheimnissen eines Künstlers auf die Spur zu kommen. Denn durch das berühmte Schlüsselloch gesehen, inmitten ihrer eigenen vier Wände bleiben Architekten, was sie vornehmlich sind: jene, die über die Art und Weise zu wohnen bestimmen. Zu sehen, wo sie selber leben, bedeutet, sie unweigerlich beim Wort zu nehmen.

Da gab es jene, die sich entschuldigten, dass ihre Wohnräume lediglich das alltägliche Durcheinander widerspiegeln, andere wiederum, die bei ihrer Absage auf die Ehefrau verwiesen, welche nicht zugestimmt habe, schließlich jene, die versprachen, uns mit offenen Armen bei sich zu Hause zu empfangen. Doch ob nun mit dem Verweis auf den Schutz der Privatsphäre unsere Bitte abgelehnt wurde, ob behauptet wurde, im Grunde sei in den Wohnräumen nicht viel zu sehen, oder ob das eige-

# Wie Architekten wohnen

ne Haus ganz im Gegenteil ein Laboratorium oder ein gebautes Manifest repräsentiert – dem Kern der Frage konnte sich keiner der Befragten entziehen.

Knapp zwanzig Architekten erklärten sich bereit, an unserem Experiment mitzuwirken. Über die ganze Welt verstreut hatten wir uns an sie gewandt, weil sie die zeitgenössische Architektur verkörpern. Verschiedene Stilrichtungen sind durch sie vertreten: Anhänger der Postmoderne, des Brutalismus, des Dekonstruktivismus – und Einzelgänger, die keiner Strömung zugerechnet werden können.

Oswald Mathias Ungers, einer der bekanntesten deutschen Architekten der Gegenwart, war der erste, der für uns die Türen öffnete. In einem Haus zu wohnen, das er selbst gebaut habe, bedeute für ihn auch Zwang und Ideologie, so erklärte er. Manchmal wolle er diesem Ort auch entfliehen, woanders leben. Doch sein eigenes Haus ist für ihn eine gebaute Utopie, verkörpert die Wahrheit, der er sich verpflichtet fühlt. Ganz anders Massimiliano Fuksas, der sich angeblich in seinen Räumen nicht wiederfindet, die Einrichtung seiner Frau überlassen hat. Für ihn sollte jeder Künstler ein Nomade bleiben.

Die »Wohnmaschine«, um eine Formulierung von Le Corbusier aufzugreifen, entfaltet für die Architekten eine ganz eigene innere Logik. Jedes Haus wird zum Sinnbild, drückt bewusst oder unbewusst aus, welche Einstellung jeder Architekt seinem Beruf und seinen Bauwerken gegenüber einnimmt. Allmählich lässt sich an Bibliotheken, Esszimmern, Wohnräumen, Schlafzimmern eine Typologie ablesen. Radikal und kämpferisch ist die Losung derjenigen Architekten (Parent, Chemetov …), die selbst so wohnen, wie sie auch für andere bauen. Andere wiederum verwirklichen mit ihren Häusern Utopien, die ihnen Auftraggeber und Gesellschaft normalerweise verwehren (Bofill, Domenig, Yoh …). Die spielerisch veranlagten Naturen (Imagawa, Stöter, Venturi …) dagegen offenbaren, welche Traumgestalt Architektur annehmen kann. Schließlich gibt es da noch jene, die keine großen Theorien bemühen, sondern in ihren Räumen ganz einfach das alltägliche Glück suchen …

Ein bloß neugieriger Voyeur wird enttäuscht werden: Führt die Reise doch an die Ursprünge schöpferischer Phantasie in der Architektur.

*Manche Häuser sind einfach zum Wohnen da, andere gleichen eher einem Architekturlaboratorium – immer aber zeichnet sich darin die Grundhaltung des Architekten ab.*

**Ein Kloster der postindustriellen Gesellschaft**

# Ricardo Bofill

*Ein alltägliches Ritual: das Frühstück in der großen Küche.*

**1939**
in Barcelona geboren
**1961**
Gründung der Werkstattgemeinschaft »Taller de Arquitectura«
**1968**
*Circle*, sein erster Spielfilm
**1975**
Entwurf für die Neubebauung des Hallenviertels, Paris
**1978**
Stadtviertel Antigone, Montpellier
**1997**
Marché Saint-Honoré, Paris

Schon von weitem ist der Schornstein zu sehen. Wie eine Festung steht Bofills Fabrik am Stadtrand von Barcelona. Eine Ruine aus Beton und Ziegelstein, die jeden Tag mehr von Efeu und Zypressen überwuchert wird, sich von der unmittelbaren Umgebung kaum noch abhebt und sich ihr doch verweigert. Hinter dem großen Gittertor stellt man das Auto unter Laubendächern ab, parkt zwischen Eukalyptusbäumen. Die Vegetation verleiht dem zerklüfteten Rumpf inzwischen ein beinahe friedliches Aussehen, kann jedoch nicht darüber hinwegtäuschen, dass dies früher eine Fabrik war, in der Menschen hart gearbeitet haben. Noch ein weiteres Portal ist zu durchschreiten, eine Stahltür, die sich vor dem angekündigten Besucher automatisch öffnet, dann ist der Übertritt in eine andere, abgeschlossene Welt vollzogen, eine Art Kloster der postindustriellen Gesellschaft, in dem zwar ein Stimmengewirr herrscht, wo jedoch drei, dreißig, fünfzig oder auch hundert Menschen leben könnten, ohne dass die Stille dadurch beeinträchtigt würde.

Beim Frühstück, das in der Küche eingenommen wird, gibt sich der Architekt ganz offen und unkompliziert. Wie jeden Tag, wird die Runde allmählich größer, seine Frau, die Kinder und Mitarbeiter kommen hinzu. Der Haushofmeister hat Bofill schon einen Orangensaft gepresst und neben dem Teller die Zeitung auf dem weißen Tischtuch bereitgelegt.

**Linke Seite**
*Die Fabrik, ein Gebäudekomplex in einem Industrievorort von Barcelona.*

*Rückkehr von einer Reise: Marta, Lebensgefährtin und Mitarbeiterin von Ricardo Bofill, begrüßt Rothko, den Hund des Hauses.*

Gewissenhaft, denn er kennt die Gewohnheiten des Meisters. Hier ist Bofills eigenes Reich, hier muss er sich für nichts rechtfertigen, sich keiner Polemik stellen. Ohne viel Pathos spricht er von seinem Zufluchtsort. Die Fabrik ist der einzige Ort, an dem er sich letztlich zu Hause fühlt, an den er nach seinen hunderten von Reisen gerne zurückkehrt. »Ich reise durch die ganze Welt, ich nehme das Leben vieler Menschen in mich auf, aber nur hier, nur an diesem Ort kann ich schöpferisch tätig werden.«

Er weiß sehr wohl, dass nichts an diesem monumentalen Bauwerk auf die Bedürfnisse eines normalen Alltagslebens zugeschnitten ist. Dass die Besucher zwar erstaunt und überwältigt sind, dass aber nur wenige von ihnen tatsächlich in solchen Räumen leben wollten, die jede Alltagsgeste in ein Hochamt verwandeln und das Esszimmer in eine Kathedrale. Bofill kümmert dies wenig. Seinen Palast, der auch als Paradebeispiel der Arte Povera durchgehen könnte, hat er nur für sich selbst und diejenigen, die sein Leben mit ihm teilen entworfen, für niemanden sonst. Die Wohnstätte von Ricardo Bofill führt seine Idee von Architektur im Rohzustand vor Augen, ohne die Zugeständnisse, zu denen er gezwungen ist, wenn er für andere baut.

Am Anfang, das heißt vor dreißig Jahren, stand die kämpferische Geste eines noch unbekannten jungen Mannes. »Hier war alles hässlich und völlig verdreckt. Dies ist ursprünglich ein riesiges Zementwerk gewesen. Es war verfallen, tonnenweise lag Bauschutt herum, Ungetüme aus Metall blickten mir entgegen, als ich hier ankam.« Bofill holt Fotografien aus jener Zeit hervor. Es gehörte damals eine gehörige Portion Mut dazu, an einen solchen Ort zu ziehen. Und nicht weniger, ihm auch treu zu bleiben. Wählen doch so gut wie alle angeseheneren

*Bofills hyperrealistische Gemäldegalerie. Stadtlandschaft, durch Ruinen gesehen.*

Bürger Barcelonas einen Wohnsitz an den Hängen über der Stadt, in den Vierteln von Vallvidrera oder Tibidabo, wo sie seit der Jahrhundertwende unter sich geblieben sind.

Doch in Barcelona stand der Sinn immer schon nach Experimenten. Die berühmte »göttliche Linke« bereitete Franco in den verrauchten Bars der Stadt ein Ende, lange bevor es tatsächlich so weit war. Und es gab auch wilde Studentenproteste der 68er in Katalonien – einem Land der Kaufleute, aber auch der Künstler. Ricardo Bofill hatte seine eigene Utopie im Kopf und beschloss, sie auf dem riesigen Terrain voller Schutt, aus dem noch die Silos emporragten, Wirklichkeit werden zu lassen. Genau genommen war es eine zweigeteilte Utopie: eine, die er für sich selbst leben wollte, und eine andere, die für Mitstreiter gedacht war, Künstler vorzugsweise oder andere Aussteiger. So entstand ein Haus für ihn selbst und daneben Wohnungen für die Mitglieder der Kommune, ein Labyrinth voller Abgründe. Dieses Schloss in der Wüste, in das die Moderne Einzug gehalten hatte, wurde »Walden 7« getauft, nach der Utopie von Henry David Thoreau, amerikanischer Autor von *Walden oder Hüttenleben im Walde* (1854). Alles war genau durchdacht und fand in der

**Oben**
*In Silos zu wohnen bedeutet die Erfahrung einer runden Welt.*

**Links**
*Das Leben spielt sich in Hallen unter und über der Erde ab, aber auch im Freien, auf den Terrassen. Dort hat sich Bofill seine Sauna in einem japanischen Teepavillon eingerichtet.*

**Vorhergehende Doppelseite**
*Von der ehemaligen Fabrik hat Bofill Metallgerüste und Eisenteile beibehalten. Eine Industrieskulptur ist entstanden.*

**Rechts**
*Die »Kathedrale«: ein Raum, der jede Alltagsgeste zum Ritual werden lässt.*

*Pflanzen wuchern zwischen den Ruinen. Ein Spiel mit Leben und Tod.*

*Festsaal, aber auch Ausstellungsraum. In der »Kathedrale« hat Bofill Entwurfsskizzen und Modelle der verschiedenen Projekte seines »Taller de Arquitectura« ausgestellt.*

Architektur seine Entsprechung, bis hin zur Auflösung traditioneller Familien- und Paarstrukturen.

In den Räumen, die er für sich selbst vorgesehen hatte, folgte Bofill dagegen seinen spontanen Einfällen. Auch heute sucht man vergeblich nach einem Gesamtplan für den Ausbau. Er hat ihn nie angefertigt, hat lieber Stück für Stück gearbeitet, hier ein Fenster angebracht, dort ein Dach oder eine Glasfassade. Die Silos sind immer noch vorhanden, im Innern ausgeweidet, mit gotischen Fenstern versehen und durch verrostete Stege miteinander verbunden. Innen schraubt sich in jedem Silo eine zentrale schier endlose Treppe empor und führt auf drei Stockwerke mit runden Zimmern, was sonst.

Setzt man den Aufstieg fort, steht man schließlich unter freiem Himmel. Ein langer Parcours über die Dächer schließt sich an, und der Architekt wirkt zwischen zwei Kräuterbeeten leicht belustigt über das Schwindelgefühl, das Normalsterbliche so weit oben erfasst. Am Grundstücksende ein großes Mau-

> **»Ich führe das Leben eines Nomaden, der von einem Flughafen zum anderen zieht. Aber nur hier in meiner Fabrik kann ich schöpferisch tätig werden.«**

erfragment, mit quadratischen Fensteröffnungen. Sie bilden einen Rahmen von ausgesuchter Perfektion für einen Blick auf die Stadt. »Ich weigere mich zwar, bei mir Gemälde aufzuhängen«, lautet der Kommentar, »aber wie Sie sehen, habe ich die beste Galerie von hyperrealistischen Bildern.«

Steigt man die Treppe weiter hinab, verliert sie sich in geheimnisvollen Kellergeschossen. Als getreuer Verehrer von Piranesi, von dem er stark beeinflusst wurde, hat Bofill diese Räume zu Orten des Lebens gemacht. Er hat sie in Ausstellungsräume verwandelt, in Modellwerkstätten und Archivsäle. Die Baufundamente sind dort zu finden und zugleich die Grundlagen seiner Architektur.

In den Silos sind Büros und Wohnungen für Gäste untergebracht. Bofill sieht darin eine Möglichkeit, die Grenzen zwischen privatem und öffentlichem Raum aufzuheben, zwischen dem Ort seiner schöpferischen Arbeit und dem privaten Wohnbereich. »Ich will und kann mein so genanntes Privatleben nicht von meiner Arbeit abtrennen«, erklärt er, »will nicht den ganzen Tag an einem bestimmten Ort verbringen und dann ein ganz anderer sein, sobald ich am Abend mit meiner Familie zusammen bin. Ich kann all diese Alltagslügen nicht ausstehen, zu denen die bürgerlichen Konventionen uns zwingen.«

Er selbst wohnt auf der anderen Seite des Patio, in einer Welt von übergroßen Dimensionen. In der alten Maschinenhalle, dem Kernstück des Gebäu-

# BARCELONA

**Oben**
*Nichts vollenden, um Platz für Träume zu lassen.*

**Links**
*Die Farben und Materialien in Bofills erstem Wohnraum erinnern an seine Reisen durch Südspanien und den Maghreb.*

des, wo früher die Transportbänder liefen und die Zementmühlen standen. Der riesige Raum ist genauso hoch wie breit, und die noch übrig gebliebenen Tanks, die in derselben Ockerfarbe verputzt sind wie die Mauern, ragen als ungewöhnliche Orgeln empor. Diese »Kathedrale«, wie Bofill selbst sie nennt, war lange Zeit eine zugige, offene Halle, weder ein Innen- noch ein Außenraum. Inzwischen ist sie verglast, Architekturmodelle sind aufgestellt, Skizzen und Pläne aufgehängt. Reminiszenzen an die Ausschreibung für das Hallenviertel in Paris – den Wettbewerb hatte er zwar gewonnen, sein Entwurf wurde aber niemals ausgeführt. Der Flughafen von Barcelona, der hinter Glas gestellt wie ein Spielzeug wirkt. Das Foto eines Wolkenkratzers, den Bofill in Chicago errichtet hat.

Wozu dient ein Raum von so gewaltigen Ausmaßen? Man kann hier sein Auto parken, Feste für fünfhundert Personen geben, sich ans Klavier setzen. Je nach Stimmung und Jahreszeit.

Die eigentliche Wohnung liegt in den Räumen über der »Kathedrale«. Man gelangt über eine einläufige Hintertreppe hinauf oder mit einem Aufzug, der deutlich Patina angesetzt hat und lediglich mit einem Metallriegel versperrt wird. Während man langsam nach oben fährt, kann man mit der Hand über den Ziegelstein und die Betonwände streifen. Die Riste und Stege der Maurerkellen spüren, die Spuren der abgenommenen Verschalungen. Die kurze Reise endet in dem so genannten »Kubischen Saal«, dem Wohnraum. Wandvorhänge aus weißem Leinen verdecken die alten Eiseninstallationen. An der Decke ein grob genageltes Flickwerk aus Holzbrettern, was sich dahinter verbirgt, kann nur erahnt werden. Es ist so geblieben, wie es war. Ein echtes oder ein falsches Provisorium?

Dass hier nirgendwo ein Endzustand angestrebt wird, ist offensichtlich. Schon allein, weil die Größe dieser Brachfläche die finanziellen Mittel des Architekten, und sei er international auch noch so berühmt, weit übersteigt. Aber auch, weil Ricardo

*Wandvorhänge aus Leinen und weiße Polster im »kubischen Saal«, der als neuer Wohnraum benutzt wird.*

BARCELONA

*In einem Zwischengeschoss ist der Essraum untergebracht. Brüstung und Geländer sind nur angedeutet: Bofill erzeugt gern ein Schwindelgefühl.*

Bofill eine Vorliebe für Ruinen und verfallende Bauten hat, für verwitterndes Material, für Zimmer, die ins Nichts gebaut sind. Und schließlich, weil Bofill seine Fabrik immer als das Basislager eines modernen Nomaden betrachtet hat. Dorthin trägt er alles,

»Wenig Möbel, nackte Wände. Architektur definiert sich durch den leeren Raum.«

was ihm bei seinen Reisen durch die ganze Welt auffällt, alles, was ihn im Augenblick beschäftigt. Sein Haus ist für ihn eine Art Tagebuch, und es muss immer genug Platz frei bleiben für die Erlebnisse, die noch kommen werden.

Ansonsten gibt es keine Möbel oder andere Gegenstände. Souvenirs und Dekorstücke sind mit seinem Verständnis von Architektur unvereinbar, schränken das Erlebnis des reinen, nüchternen Raums zu sehr ein. Nicht einmal eine Bibliothek gibt es: Seine Bücher hat er im Arbeitsraum gestapelt. Dafür aber unzählige architektonische Remi-

niszenzen an die Länder und Zivilisationen, die er unterwegs kennen gelernt hat und die auch verschiedene Phasen seiner Arbeit prägten.

Durchschreitet man die Räume, so begegnet man zunächst der großen Leidenschaft seiner Anfangsjahre wieder, der urtümlichen Architektur, die er auf Ibiza, im Süden Spaniens und auf vielen Reisen nach Nordafrika kennen gelernt hatte. Längliche Formen, Erdfarben, Spiele mit Licht und mit Schatten, geheime Gänge. Eine elementare architektonische Welt, die auch von Louis Kahn und Alvar Aalto für ihre Arbeit durchgemustert wurde. Es ist die Zeit von »Walden 7«. Der erste Wohnraum, den Bofill für sich entwirft, ist ganz in diesem Stil entstanden. Mauern, Fußboden und Decke haben denselben orangefarbenen Verputz erhalten, die Ge-

*In den Silos befinden sich Büroräume und Gästezimmer. Der nüchterne Stil unterstreicht die Rundung des Raums.*

wölbe werden aus Neonröhren regenbogenfarben angestrahlt, der Tisch aus rotem Marmor ist ohne jede Verzierung. Schließlich mehrere Lehnstühle nebeneinander gereiht, wie um Mönche zu einer Versammlung zu empfangen. Gaudí hat diese Stühle entworfen, auch er stammte aus Barcelona.

In der Fabrik finden sich aber auch Säulenfragmente, Bauteile in klassischen Proportionen, Blendbögen und andere mehr oder weniger explizite Anspielungen auf Baumeister der Renaissance wie Brunelleschi oder Architekten aus der Zeit der Französischen Revolution wie Claude-Nicolas Ledoux. Diese Zitate stammen aus der »klassizistischen« Periode des Architekten. Sie sind ein fernes Echo des Palacio d'Abraxas in Marne-la-Vallée, wo Bofill das erste Mal in diesem Stil arbeitete, oder auch von Antigone, jenem Stadtviertel in Montpellier, an dem er zehn Jahre lang gebaut hat. Die Anklänge sind jedoch nur schwach, und das hat seinen Grund. »Der Klassizismus, den ich in Frankreich entwickelt hatte«, erklärt Bofill, »war aus einem besonderen Zusammenspiel zwischen Ästhetik und Industrie entstanden. Die Absicht war, einzelne Bauten einer Stadt in Serienproduktion zu fertigen. Für ein einzelnes Haus, wie die Fabrik, musste ich mich mit den Problemen einer normierten Fertigung nicht herumschlagen.«

Seine Ferien verbringt Bofill an der Costa Brava, in dem Haus, das er für seinen Vater entworfen hat, inmitten von Pinien und Olivenbäumen. Die Landschaft dort, das Ampurdán, beschäftigt zunehmend seine Phantasie. So kam es, dass er das erst kürzlich vollendete katalanische Nationaltheater mit einem Olivenhain umgeben hat. Unmittelbar danach pflanzte er auch vor seinen eigenen Fenstern ein Olivenwäldchen. Es folgte die Entdeckung Asiens, mit Bofills ersten Baustellen in Japan. Ein Gebäude an der Allee Omotesando, den Champs-Élysées von Tokio. Ein Auftrag von Shiseido ... In Bofills Fabrik haben auch diese jüngsten Entwicklungen ihre Spuren hinterlassen. Auf einer der Terrassen steht seit kurzem ein Pavillon, er weist klare, gerade Formen auf und ist aus Holz, verrostetem Metall und Glas gebaut. In diesem nachgeahmten Teehaus befinden sich eine Sauna und ein Gymnastikraum. »Ein Ort, der für mich sehr wichtig geworden ist, seit ich die Philosophie des Zen kennen gelernt habe. Eine Philosophie der Freude am Körper und der Sinnlichkeit.«

Ein Grund mehr, um in seinem eigenen Reich zu bleiben und immer seltener zu Ausflügen in die Stadt aufzubrechen. Früher mit dem Nachtleben durchaus vertraut, verlässt Bofill sein Anwesen nur noch selten. Doch weiß er sehr wohl, dass sein Mikrokosmos zwar eine Welt für sich ist, die Welt selbst aber anderen Gesetzen folgt. »Vielleicht«, so meint er, »ist hier eines Tages auch mein Grab«.

*In seinen Räumen soll es nie kalt sein, beschloss Bofill eines Tages. Selbst im Winter ist es warm wie in den Tropen.*

**Linke Seite**
*Eine Komposition, die dem Vater von Paul Chemetov, einem Illustrator, sicher gefallen hätte: sein Selbstporträt, Familienfotos, alltäglicher Krimskrams.*

*Blick aus der Pariser Wohnung.*

**Luxus der Erinnerungen**

# Paul Chemetov

**1926**
in Paris geboren
**1965**
Sozialwohnungen, Vigneux-sur-Seine
**1985**
Öffentliche unterirdische Einrichtungen im Hallenviertel, Paris
**1989**
Finanzministerium, Paris (mit Borja Huidobroro)
**1994**
Umbau des Museums für Naturgeschichte, Paris (mit Borja Huidobroro)
**2000**
Bibliothek, Montpellier

Wo wohnt ein Mann wie Chemetov? Ein Architekt, der im Osten die Einfahrt nach Paris mit einem kühnen Querriegel versehen hat, einem Viadukt, dessen letzter Bogen in die Seine eintaucht – das neue Finanzministerium. Der im Untergrund vor der Kirche Sainte-Eustache für das Forum der ehemaligen Markthallen eine Architektur geschaffen hat, die klar ist, gotisch wirkt und eindeutig weniger düster ist als das ältere Pendant. Der dem Museum für Naturgeschichte in Paris mit dem großen Ausstellungssaal zur Evolution des Menschen zu neuer Attraktivität verhalf. Kurz, welcher monumentale Bau, der zugleich solide entworfen sein sollte, kann sich mit dem Format eines solchen Mannes messen, der sich nicht mit Kleinigkeiten abgibt? Mit der Frage hatte sich auch Chemetov selbst schon befasst: »Vom eigenen Haus, in dem ich wohne, zum eigenen Haus, in dem ich arbeite. Erster Luxus des Architekten, zwischen den eigenen Mauern zu arbeiten und zu leben. Eine zweite Haut«, schreibt er in *La Fabrique des villes*.

Allerdings sollte nicht vergessen werden, dass Paul Chemetov lange Jahre als Architekt an wenig prestigeträchtigen Projekten arbeitete, bevor er schließlich in der Ära Mitterrand ein Star der großen öffentlichen Aufträge wurde. In Vigneux-sur-Seine, in Saint-Ouen, aber auch in Wien hatte er als fleißiger Schüler von André Lurçat, dem Rivalen Le Corbusiers, hunderte von Sozialwohnungen errichtet. Meistens mit Bauten in den Trabantenstäd-

**Oben**
*Straßenwalze bei der Arbeit. Ein Symbol?*
»Es ist nicht weiter schwierig, urbane Strukturen zu zerstören, schwierig ist es, neue zu entwerfen.«

ten beauftragt, gründete er das »Atelier d'Urbanisme et d'Architecture«, das sich in Vorreiterfunktion für kollektive Entwürfe einsetzte, und bemühte sich, eine Versöhnung zwischen der Architektur, die das Einzigartige will, und der Industrie, die nur Wiederholungen zulässt, zu erreichen.

Außerdem war Chemetov lange Zeit für seine marxistischen Überzeugungen bekannt. Nicht zufällig hatte er mit dem Brasilianer Oscar Niemeyer beim Bau für den Sitz der französischen kommunistischen Partei zusammengearbeitet. »Marxismus! Dieses Schubladendenken, diese Schublade voller heute in Verruf geratener Wörter verdient eine Inventur des Inhalts. Am Telefon klang seine Stimme eher amüsiert: »Sie wollen wissen, wie Architekten wohnen und sich eingerichtet haben? Ich bin Architekt, ich wohne in einem mehrstöckigen Haus, das ich selbst entworfen habe, ich arbeite in einem Studio, das ich selbst entworfen habe, und sogar meine Ferien in der Ardèche verbringe ich in einem Landhaus, das ich selbst entworfen habe. Ich glaube, dass ich der richtige Mann für Sie bin.«

**Oben**
*Die Fassade des Wohnhauses von Paul Chemetov: Über einem Sockel aus der Zeit der Jahrhundertwende erheben sich modern verkleidete Stockwerke.*

Eine kleine Straße im V. Arrondissement von Paris, die von der Rue Mouffetard abzweigt. In dem betuchten Viertel, das seine nostalgischen Postkartenmotive gerne zur Schau stellt, ist sein Haus schon von weitem zu erkennen. Sechs Stockwerke, die streng geometrisch gegliedert und mit merklich gealterten Betonplatten verkleidet sind. Das Ganze schamlos einem Wohn- und Geschäftshaus aus der Zeit der Jahrhundertwende aufgesetzt, das nur bis zum ersten Stock fertig gestellt worden war und nun einen herrschaftlichen Sockel bildet. Auf Augenhöhe des Fußgängers das alte Paris. Ein Stück Vorortsarchitektur, sobald er weiter nach oben blickt. Und nichts, was diesen Zusammenprall der verschiedenen Epochen abmildern würde. Auch heute noch steht der Architekt zu dieser Stilsynthese. Er selbst bewohnt die beiden obersten Stockwerke.

»Seit mehr als dreißig Jahren wohne ich jetzt schon hier. Ich habe das Gebäude damals so entworfen, dass es, was das Aussehen, die verwendeten Materialien und die Preise betraf, mit dem normalen Wohnungsbau vergleichbar war, vielleicht nicht mit Sozialwohnungen, aber doch mit den üblichen Bauten. Tausend Franc pro Quadratmeter war auch 1967 nicht teuer. Die Raumaufteilung dagegen, die ich vorgenommen habe, unterscheidet sich etwas davon. Die Küche, zum Beispiel, entspricht nicht der Norm, und auch das Schlafzimmer nicht, von dem ich wollte, dass es größer wird als der Wohnraum.« Die Attacke ist zu heftig, um nicht auch eine kämpferische Parole zu sein. Und so ist sie auch gemeint. »Wenn Sie Boudoirs für die Kokotten des Zweiten Kaiserreichs bauen, dann verstehe ich, dass Sie selbst auch in einem solchen Boudoir wohnen wollen. Wenn Sie es aber nur mit Sozialwohnungen zu tun haben, was bei mir damals der Fall war, kann ich mir nicht vorstellen, dass Sie es fertig bringen, in einem herrschaftlichen Palais zu wohnen.«

Der Standpunkt ist klar und entschieden, was für ihn spricht. Man kann einwenden, dass das Viertel selbst nicht unbedingt sehr volksnah ist. »Ich bin

> **»Wenn Sie Boudoirs für die Kokotten des Zweiten Kaiserreichs bauen, dann verstehe ich, dass Sie selbst auch in einem solchen Boudoir wohnen wollen. Wenn Sie es aber nur mit Sozialwohnungen zu tun haben, kann ich mir nicht vorstellen, dass Sie es fertig bringen, in einem herrschaftlichen Palais zu wohnen.«**

hier jeden Morgen vorbeigekommen, wenn ich auf dem Weg in mein Büro war. Ich habe dieses Wohnhaus ausfindig gemacht, das aufgestockt werden konnte. Danach überzeugte ich die Eigentümer davon, es zu verkaufen, und bot das Projekt einem Bauträger an. Aber täuschen Sie sich nicht: Das Viertel rund um die Rue Mouffetard war damals noch kein Museum. Es war noch vor der Sanierung des Viertels rund um die Place d'Italie, ganz in der Nähe. Eine Straße der einfachen Leute.«

Deutlich wird aber auch, dass Paul Chemetov eine ganz persönliche Topografie der Stadt hat und nicht bereit ist, davon abzuweichen. Er kann sich nicht vorstellen, woanders als an der Rive Gauche zu wohnen, und auch dort nicht weiter als Montparnasse. Am rechten Seine-Ufer erstreckt sich sein Revier vom Fluss bis zum Friedhof Père-Lachaise. »Weil es das Paris ist, durch das ich mich immer bewegt habe. Weil dort alle historischen Schichten der Stadt zu sehen sind, ihre ganze Vergangenheit. Die Dörfer aus der Anfangszeit, dann die Klöster, die einzelnen Viertel, die Boulevards von Haussmann, schließlich vereinzelt moderne Architektur. Alles, was letztlich die Komplexität und die Schönheit des urbanen Raums ausmacht.«

*Ein Gemälde des japanischen Malers Paul Foujino aus den 50er Jahren.*

**Rechts**
*In der Essecke stehen seit kurzem neue Stühle, die aus einer Behindertenwerkstatt stammen. Zuvor befanden sich dort Exemplare aus den 50er Jahren, die Chemetov für ein Feriendorf der Air France ausgesucht hatte.*

Wenn es um das eigene Reich geht, gibt sich der Architekt wie ein Mönch, der zwar nicht völlige Armut, aber doch Einfachheit und Strenge gelobt hat: »Ich mag diese so genannten Architektenhäuser nicht, von denen immer wie in Anführungszeichen gesprochen wird. Das Haus, das ich entwerfe, ist Ausdruck einer bestimmten Sicht auf mich selbst. Es ist nicht sehr schwierig, groß zu bauen, viel schwieriger ist es, angemessen zu bauen. Ähnlich ist dies in der Mode: Das wahre Meisterstück ist das kleine Schwarze. Ich habe zwei Wohnhäuser für Freunde gebaut. Als ich eines Tages zufällig wieder vor dem einen stand – dachte ich mir: ›Was für eine schöne Scheune!‹ Für das andere hat mir ein Freund ein schönes Kompliment gemacht. Als die Bauarbeiten schon lange beendet waren, fragte er mich, ob ich nicht endlich das Gerüst abnehmen wolle.«

Wie nicht anders zu erwarten, ist er gegen das Design, »das alles prostituiert«, und gegen eine Ausstattung von Bauten in einem bestimmten Stil. Aber er weiß zugleich, dass alles einen bestimmten Stil hat und dass es eine Illusion ist, an einen Nullpunkt in der Architektur oder auch in der Literatur zu glauben. »Zu entscheiden, was er deutlich zeigen und was er verstecken möchte, ist die eigentliche Arbeit des Architekten. Die schmalen Metallträger an der Decke hätte ich genauso gut verkleiden können. Hätte die Schraubklemmen abdecken können.

Wenn ich es nicht getan habe, so geschah dies ganz bewusst.« Ganz bewusst hat er an der Decke den Sichtbeton belassen, nach der Ausschalung nicht weiter bearbeitet, dafür aber in Silberfarbe gestrichen. (»Da Beton normalerweise als ein ›armes‹ Material gilt, hätte es sogar Gold sein können.«) Ganz bewusst wurden die elektrischen Leitungen und die Lichtschalter nicht in die Wände eingebaut, ja nicht

*Im Wohnraum ein Tisch aus Nussbaumholz, den der Architekt 1951 entworfen hat. Dahinter ein Porträt der Großmutter seiner Ehefrau.*

*Das Vorbild für diese Treppe stammt aus dem Mittelalter.*

# PARIS

einmal festgeklemmt, so dass sie in jedem Zimmer neben der Tür baumeln. (»Ein System, das aus Italien kommt. Seit dreißig Jahren ist nichts Besseres entwickelt worden.«) Ganz bewusst sind schließlich unter dem Küchenfenster Holzplatten anstelle der Mauer zu sehen. (»Für die Rückseite, wo ich keine Bauvorgaben zu erfüllen hatte, habe ich Metallträger und Holzplatten verwendet, lange bevor dies Mode wurde.«) Von diesen wenigen Details abgesehen, gibt es genau genommen in der Wohnung von Chemetov und seiner Frau nicht viel zu sehen. Vielmehr sind die Räume Ausdruck einer Lebensform des Glücks, inmitten einer lässigen Unordnung zu leben und nicht zu viel Aufmerksamkeit auf die Welt der Gegenstände zu verwenden. Einfache, gewöhnliche Einrichtungsstücke stehen neben einer originalen Renaissancetruhe. Der niedrige, massive Tisch auf großen Rädern im Wohnraum ist aus unbearbeitetem Holz gefertigt. Chemetov hat ihn selbst entworfen, was aber nicht bedeutet, dass auf ihn besonders geachtet wurde. Die Kinder haben dort ungeniert mit dem Messer herumgekratzt, was niemanden zu stören scheint. In der Essecke standen lange Zeit Stühle aus Furnierholz, die aus den 50er Jahren stammten. Paul Chemetov hatte sie für die Kantine eines Feriendorfs der Air France in Grasse ausgesucht. Vor kurzem hat er sie durch neue ersetzt, ohne viel Aufhebens zu machen.

*Ein Porträt des achtjährigen Paul, von H. Bensis gefertigt.*

**Rechts**
*Eine der ersten perspektivischen Zeichnungen von Chemetov aus der Zeit, als er noch Kunststudent war.*

**Ganz rechts**
*Über dem Krawattenständer ein Bild, das der Architekt 1944 gemalt hat.*

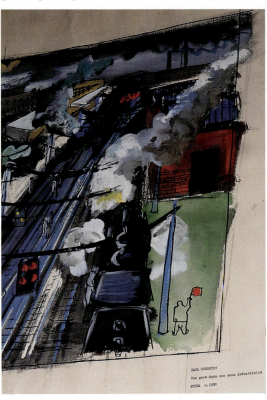

Kein Gegenstand, zu dem es nicht eine Geschichte zu erzählen gibt. Zum Beispiel das monochrome gelbe Gemälde im Badezimmer: »Es erinnert mich an den Tag, an dem ich einen Tàpies, der auf 20000 Franc herabgesetzt war, nicht gekauft habe. Stattdessen habe ich dieses völlig unbekannte Stück mitgenommen.« Ein anderes, eher konventionelles Gemälde ist das Porträt der Großmutter seiner Frau. Auch der Schrank und die Kommode im Schlafzimmer sind Erbstücke aus deren Familie. Er spricht von ihnen liebevoll, fast zärtlich. Chemetov selbst hatte nichts beizutragen, denn er ist der Sohn einer russischen Einwandererfamilie. Lediglich einige Bücher seines Vaters stehen im Regal. Er stammte aus Rostow am Don, war Illustrator. Ein linker Intellektueller, der an der Russischen Revolution beteiligt war. Ein Mann, der den Sohn stark geprägt hat.

Eine Wendeltreppe aus Metall führt zu einer kleinen Terrasse hinauf. Im Sommer stellt seine Frau dort Pflanzen auf, die sie im Winter in einen separaten Anbau verräumt, halb Gewächshaus, halb Gästezimmer. Es gibt ein hübsches Fenster dort, unmittelbar über den Dächern von Paris. »Eine Zeit lang wollte ich mir hier ein Arbeitszimmer einrichten. Mir gefiel der Blick auf die Moschee.« Sein Blick gleitet über ganz Paris. Chemetov hält verträumt einige Augenblicke lang inne, dann zeigt er zum Horizont. »Schauen Sie genau hin. Rund um Paris ragen überall Hochhäuser über den Dächern empor, entlang der Ringautobahn. Sie bilden eine Art von Mauer, was zweifellos eine soziale Bedeutung hat. Man kann von meinem Finanzministerium halten, was man will, aber damit verglichen ist es noch zurückhaltend.«

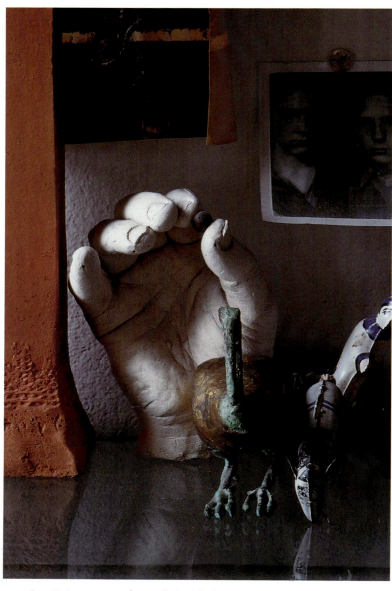

**Oben links**
*Ein Abguss der rechten Hand des Architekten. »Ein ganz persönliches Erinnerungsstück, weil meine Hand dort noch unversehrt ist. Später hatte ich einen Unfall, der meinen Daumen übel zugerichtet hat.«*

**Links**
*»Dieser Zettel hat mir gefallen. Nach Westen verläuft die Richtung des Besuchs, nach Osten die Richtung der Geschichte. Ich entdeckte darin ein Stück Wahrheit.«*

**Rechts**
*Das Arbeitszimmer von Paul Chemetov, an den Wänden Zeichnungen und Gemälde, die alle persönliche Erinnerungsstücke sind.*

**Ein gebautes Manifest**

# Günther Domenig

*Das Haus, eine ewige Baustelle.*

**1934**
**in Klagenfurt geboren**
**1979**
**Z-Bank in Wien**
**1983**
**Geburt von »Nixnuznix«, seinem Vogelfetisch**
**1984**
**Laden für Rikki Reiner, Klagenfurt**
**1987**
**Veranstaltungssaal »Fundernovum«, Kärnten**
**1989**
**Teilnahme am Wettbewerb für die Bibliothèque de France, Paris**

Als Antoni Gaudí gefragt wurde, wie lange er denn noch an seiner Kirche Sagrada Familia weiterbauen wolle, soll er nach oben zum Himmel gezeigt und geantwortet haben: »Mich drängt keiner.« Dies war Anfang des Jahrhunderts in Barcelona, und die Geschichte endete damit, dass der Architekt am Fuß seines Bauwerks, auf seiner ewigen Baustelle, ein kleines Zimmer bewohnt hat. Ähnlich Günther Domenig. Auch er hat sich unlängst einen Raum eingerichtet, um in seiner immer noch unvollendeten, ganz privaten Kathedrale übernachten zu können. Die Bauarbeiten haben 1986 begonnen. Erste Entwürfe wurden schon zehn Jahre früher angefertigt.

Mehr als zwanzig Jahre hat er bisher gebraucht, um sein eigenes Haus zu bauen, und noch immer ist es nicht fertig. »Die Form, die ich dem Beton geben wollte, die Struktur, die ich in meinem Kopf entworfen hatte, ist ausgeführt. Es geht nur noch darum, die verschiedenen Kubusformen aus Glas einzufügen. Jene Elemente also, die weder Konsistenz noch Materialität besitzen. In jedem Fall aber ist der zurückgelegte Weg genauso wichtig wie das Ziel selbst. Mir kommt es darauf an, bei jedem noch so unbedeutenden Detail und in jeder Phase der Konstruktion nach der perfekten Lösung zu suchen.« Seine Hand streicht über eine messerscharfe Betonkante, streift mit zärtlicher Geste über die kaum merkliche Rundung einer Wand. »Es ist allerdings nicht immer leicht, gute Handwerker zu finden, die meine Vorgaben auch genau ausführen.«

Damit deutet Domenig an, worum es ihm geht: Nicht um die Frage, wann er jemals in seinem Haus wohnen wird. Wesentlich für ihn ist vielmehr, in Bewegung zu bleiben und ein Ziel zu verfolgen, mit

*Blanker Beton, erstarrte Explosionen: Nichts, was an ein normales Wohnhaus erinnert.*

dem er sich einen ganz persönlichen Traum erfüllt. Mit seiner Familie in diesem Gebäude zu wohnen, das noch ein leeres Gehäuse ist, kann sich Günther Domenig in absehbarer Zeit nicht vorstellen. »Meine Frau interessiert sich nicht im Geringsten für Architektur«, sagt er. Und zweifellos braucht es eine gewisse architektonische Vorbildung, um in einem solchen Haus leben zu wollen; so sehr werden hier traditionelle Vorstellungen von Schönheit wie auch übliche Erwartungen an eine Wohnung in Frage gestellt. Das Bauwerk ist nur dann zu verstehen, wenn es als extremes Resultat der zeitgenössischen Architektur angesehen wird.

In Graz, das zwei Autostunden vom »Steinhaus« entfernt liegt, hat Domenig sein Büro und seine Wohnung. Das Mietshaus, in dem sie sich befinden, wurde ebenfalls von ihm errichtet. Er hat nicht vor, eines Tages zwischen den beiden Orten hin und her zu pendeln. Aber auf der hell erleuchteten Baustelle hat er schon Partys, Vernissagen und Jazzkonzerte veranstaltet. Wie um zu sehen, ob das Gebäude, das

**Oben**
*Überall schräge Flächen und Spalten zwischen den Mauern. Jedes Element der Konstruktion wird getrennt behandelt und zur Schau gestellt.*

**Links**
*Ein Steg, der zum See führt, ihn jedoch nie erreicht. Domenig hat eine Vorliebe für freie, spielerische Gesten, und dennoch folgt alles einer inneren Logik.*

ursprünglich für ungefähr dreißig ständige Gäste geplant war, sich auch auf andere Weise nutzen lässt.

Ein ganz persönliches Werk zu schaffen ist das eigentliche Anliegen: »Lange Zeit habe ich geglaubt, dieses Haus wird mein letztes, abschließendes Werk. So sehr ist es Ausdruck meiner innersten Wünsche. Später habe ich dann gemerkt, dass genau das Gegenteil der Fall ist, dass ich nur weiterzuentwickeln brauchte, was ich an Ideen in dieses Haus gesteckt hatte. Und so kam ich auf neue Konzepte und konnte weiterhin kreativ sein. Was als Endpunkt meiner Karriere gedacht war, wurde zu einem Neuanfang.« Fest steht, dass das Bauwerk schon jetzt großes Aufsehen erregt hat. Das Museum of Modern Art in Los Angeles etwa zeigte Entwürfe davon, und das Wiener Museum für Angewandte Kunst widmete ihm 1988 sogar eine eigene Ausstellung.

Nichts an diesem Gebäude, an diesem Durcheinander aus blankem Beton und blitzendem Stahl, erinnert an all das, was Häuser gewöhnlich ausmacht – ob aus der Ferne betrachtet oder im Detail. Es gibt kein Dach, lediglich schräg gestellte Flächen. Keine senkrechten Mauern, vielmehr in der Schwebe befindliche Blöcke. Keine Fenster, lediglich Lichtschlitze. Keinen Eingang, keine Flure und auch keine Fassaden: Das Objekt kann von allen Himmelsrichtungen aus gleichwertig betrachtet werden, sogar aus der Vogelperspektive. Dann aber existiert eine Fülle von Details, deren Funktion nicht eindeutig auszumachen ist. Drei nutzlose Strebepfeiler. Metalltreppen ohne Rampe. Ein schmaler Steg, der ins Nirgendwo führt. Eine Brücke, die nichts verbindet.

Wer die Architektur Domenigs kennt, wird nicht allzu sehr überrascht sein. In Klagenfurt baute er noch relativ zurückhaltend: An die Rückseite des Jugendstiltheaters stellte er einen Glaskubus, der wiederum von einem weiteren, auskragenden Kubus durchschnitten wurde, und verdoppelte damit das Raumvolu-

*Eines Tages werden Glasscheiben an dem Gerüst angebracht sein. Wann genau, ist nicht wichtig.*

*Die Inszenierung des Raums erfolgt hier in allen drei Dimensionen. Domenig öffnet Schluchten und Steilabhänge, die nur schwindelfrei begangen werden können.*

men des ursprünglichen Baus. Berühmt wurde er durch den ungewöhnlichen Entwurf eines Bankgebäudes, über das sich ganz Wien heftig echauffierte. Die aufgeblähte, schwülstige Fassade, ganz mit Stahlschuppen verkleidet, scheint sich über dem Haupteingang zu verflüssigen. Eine moderne Variante von »La Pedrera«, dem Meisterwerk Gaudís, das seine weichen Wellenbewegungen am Passeig de Gràcia in Barcelona ausbreitet.

Wenn es darum geht, ihn einer Schule zuzuordnen, dann ist Domenig entschiedener Dekonstruktivist. Was nichts anderes heißt, als dass er absichtlich Räume und Markierungen explodieren lässt. So hat er zum Beispiel für den Designer Rikki Reiner in Klagenfurt einen Laden entworfen, im Erdgeschoss eines ehrwürdigen Palais am Alten Markt. Ohne Hemmungen sprengte er das Raumvolumen, das ihm zugebilligt worden war, und reduzierte den eigentlichen Verkaufsraum auf ein Mindestmaß. Die Vitrinen dagegen ließ er wie Diamanten zuschneiden und gruppierte sie in einer Art Portalvorbau zu einem Parcours, der weder im Innenraum noch ganz im Außenraum verläuft. Mag sein, dass sein eigenes Haus mit all den Treppen und den weit verstreuten Zimmern ganz ähnlich funktionieren wird.

Allerdings werden dort die gewohnten Formen und Funktionen noch weitaus radikaler auf den Kopf gestellt, und dies hat seinen Grund: »Die Architektur ist keine freie, sondern eine angewandte Kunst. Im Unterschied zur Malerei oder Skulptur muss sie sich am Bauherrn orientieren und seine Vorgaben berücksichtigen. Sobald ich aber für mich selbst entwerfe und baue, ist dies nicht mehr der Fall. Dann kann ich tun und lassen, was ich will. Und ich komme näher an den Punkt heran, an dem für mich Kunst beginnt. Ich gehe aber auch größere Risiken ein. Wenn ich mich dabei irre, kann ich dies nicht auf einen ›bösen‹ Kunden schieben.«

Es hat geschneit, der Himmel ist strahlend blau. Wir begeben uns zunächst zu dem Pavillon aus Glas und Stahl, der in der Gartenmitte steht. Er ist streng konstruiert, erinnert an japanische Architektur – ein Ort der Stille und Konzentration, an dem von der Unordnung der übrigen Baustelle nichts mehr spürbar ist. Am Boden, in eine Steinplatte eingraviert, eine Inschrift: »Günther Domenig. Steinhaus.« Name und Werk sind untrennbar verbunden. »Meine Kritiker sagen, dies sei schon mein Grab.« Er lacht, zündet sich eine neue Zigarette an, schweigt, den Blick in die Ferne gerichtet, abwesend.

Auf dem Tisch liegen mehrere Bücher ausgebreitet, Zeitschriften, Skizzen. Material, das seine Ideen bekräftigt, mit dem er die zwingende Logik seines großen Käfers aus Beton und Stahl, der sich hier in der Frühlingssonne räkelt, darlegen will. Man spürt, dass er den Drang hat, zu erklären, dass er den möglichen Vorwurf des Laien entkräften will, sein Bau sei Architektur gewordener Wahnsinn.

Zurück zu den Anfängen. Ein schmales Grundstück, das an einem Ende auf eine doppelte Grenze stößt, Bahngleise und parallel dazu eine Schnellstraße. Unterhalb liegt der Ossiacher See. Elf Kilo-

*Auf den höchsten Punkt des Gebäudes kommt eine Terrasse. Nicht nur der See, auch die Berge werden von dort zu sehen sein, beides prägende landschaftliche Elemente in Domenigs Kindheit.*

*Das Haus ist eine ewige Baustelle. An die ständige Anwesenheit von Bauarbeitern hat sich der Architekt gewöhnt.*

meter lang, das gegenüberliegende, wildere Ufer nur einen Steinwurf weit entfernt, im Sommer eine Wassertemperatur von beinahe dreißig Grad. Touristen in großer Zahl, sobald die ersten schönen Tage kommen. Nichts von der mondänen Eleganz der Jahrhundertwende, wie sie am benachbarten Wörther See zu finden ist, der näher an Klagenfurt liegt. Dafür Gartenhäuser, Wohnwagen und Zelte auf den zahlreichen Campingplätzen. Einer davon grenzt an das Grundstück von Domenig und ist riesengroß. Der Architekt verzieht das Gesicht.

Warum also hier, warum an diesem Ort? »Weil das Grundstück meiner Großmutter gehört hat«, erzählt er. »Ich habe hier meine Ferien verbracht, der Ort steckt voller Erinnerungen.« Plötzlich ist die Welt der Kindheit da. Wenn man Domenig Glauben schenken darf, ist sein ganzes Werk eng mit der Geschichte seiner Herkunft verknüpft. »Als

## »Bei anderen zählt der spontane Einfall, während bei mir alles aus der Geometrie abgeleitet ist.«

*Domenig verlangt nicht, dass seine Handwerker schnell arbeiten, sondern sorgfältig. Es kommt ihm auf die Details an.*

*Wie Gaudí in der Sagrada Familia hat sich auch Domenig auf seiner Baustelle ein kleines Zimmer eingerichtet. So kann er vor Ort die Arbeiten überwachen.*

Kind«, so erzählt er, »habe ich in verschiedenen Gegenden von Kärnten gewohnt, dem südlichsten österreichischen Bundesland. Wo wir jetzt sind, war unser Feriendomizil. Das Leben hier war voller Licht, erfüllt von den sanften Linien der Berge, von den Bäumen, den Wiesen, dem See. Ich habe aber auch im Mölltal gelebt. Dort ist die Landschaft völlig anders. Ein tief eingeschnittenes Tal, voller Schluchten und Schrunden. Auch dieses Bild einer wilden, zerklüfteten Natur hat sich mir tief eingeprägt.«

Seither ist er regelmäßig in das Land seiner Kindheit zurückgekehrt, um dessen Formen zu zeichnen und zu studieren. Felsen, die vom Frost aufgesprengt wurden; die Saumkante der Almen, an der die Grasnarbe aufhört und eine mineralische Welt beginnt, von Regen, Wind und Kälte geformt. »Ich habe mir die alten Bauernhöfe angeschaut«, fährt er fort. Er deutet durch einen Lichtschlitz auf einen benachbarten, friedlich daliegenden Hof. Das Dach ist tief herabgezogen, der First wirkt gegen den Himmel wie mit der Kettensäge gefräst. Mag sein, dass hier eine gewisse Verbindung besteht.

Es folgte die schöpferische Phase im engeren Sinn. Eine Reihe von Skizzen und Entwürfen, von Bleistiftzeichnungen, auf denen zu erkennen ist, wie der Formenkatalog lebendig wird, Gestalt annimmt, wieder reduziert wird. »Ziel ist«, erklärt Domenig, »dadurch zur reinen Abstraktion zu gelangen.« Was ihm gelingt. Danach befasste er sich mit der Raumgliederung, später mit geometrischen Studien. Auf dem Skizzenpapier entdeckt man eine Spirale, deren äußerstes Ende zum See gerichtet ist. Dieser Grundriss, bis aufs Skelett purifiziert, ist ihm wichtig; ihm liegt daran, dass das zu Grunde liegende mathematische Kalkül erkannt wird. Anlass genug, um auf Coop Himmelb(l)au zu sprechen zu kommen,

seine österreichischen Mitstreiter aus Wien, die wohl berühmtesten und einfallsreichsten Vertreter der Stilrichtung des Dekonstruktivismus. »Ich behaupte nicht, dass ich besser bin, und behaupte auch nicht, dass ich weniger gut bin als Coop Himmelb(l)au. Ich behaupte nur, dass bei ihnen der spontane Einfall zählt, während bei mir alles aus der Geometrie abgeleitet ist.«

Umgekehrt erweisen ihm Coop Himmelb(l)au auch ihre Reverenz: »Er hat gebaut, wie andere boxen«, so schreiben sie im Katalog zur Wiener Ausstellung. »Sein Gegner war das Gebäude. (...) Keuchend und den Kopf tief in die Probleme vergraben, hat er Haken verteilt, die aus Beton waren, und seine Ausweichbewegungen waren aus Stahl. (...) Was nicht elegant war, aber ungeheuer schlagkräftig.«

Trotz aller Erläuterungen, die der Architekt abgibt, haftet seinem Haus etwas Irrationales an, bleibt ein Rest, der sich nicht logisch erklären lässt. Hat jener Betonzylinder zum Beispiel, der bis zum Grundwasserspiegel in den Boden getrieben ist und der den Mittelpunkt des Gebäudes bildet, mit geometrischem Denken zu tun? »Das Grundwasser«, erklärt Domenig, »vermischt sich so mit dem Regenwasser, das in einem Becken aufgefangen wird. Dieses Becken ist wiederum zum Friedhof hin ausgerichtet, auf dem meine Großmutter begraben liegt, der ich alles hier zu verdanken habe. Der Kreis hat sich geschlossen.« Er hält kurz inne und fügt dann hinzu: »Dennoch bin ich kein Mystiker.«

Und welche Theorie könnte zitiert werden, um den großen Metallvogel zu erklären, der irgendwann im Innern des Glaskubus aufgestellt werden soll?

*Der zylinderförmige Brunnen befindet sich genau in der Mitte des Hauses. Das Wasser aus der Erde soll mit dem Wasser aus dem See und vom Himmel versöhnt werden. Dennoch, so sagt der Architekt, sei er kein Mystiker.*

»Nixnuznix« lautet sein Name, und die langgliedrige Form ist für Domenig inzwischen zur Obsession geworden. Das geflügelte Wesen tauchte in riesigem Maßstab sogar in dem Entwurf auf, den der Architekt für die Bibliothèque de France eingereicht hatte. Im Augenblick hält der Vogel in einer Kiste noch seinen Winterschlaf, aber Bruchstücke der Abschussrampe, die ihn später wie eine Rakete in den Himmel katapultieren soll, liegen vor der Bau-

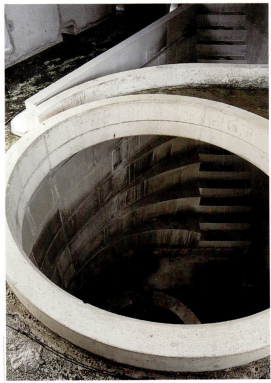

stelle herum. Wozu schließlich, wenn doch alles seine Erklärung finden soll, die lange, herabhängende Zunge aus Beton, die sich nach dem See hin ausstreckt? Und wozu ist dem Gebäude dieser Panzer aus Stahl aufgesetzt worden, der ihm den Charakter eines Flughafenkontrollturms verleiht?

Über die rein technische Leistung und mathematische Beweisführungen hinaus kommen darin private Phantasien zum Ausdruck, die rationalen Mustern entzogen bleiben. Domenig streitet dies nicht ab: »Ich behaupte nicht«, so räumt er ein, »dass mein Haus zum Vorbild für andere Bauten taugt. Ich habe es nur für mich selbst gebaut, es handelt sich um ein ganz persönliches Experiment.«

Domenig bleibt nicht unberührt von den abfälligen Kommentaren der Nachbarn und Touristen. Er hat aufgehört, sich zu fragen, was nach seinem Tod mit dem Anwesen geschehen soll: »Eines Abends kam ich allein auf die Baustelle und bin gestürzt. Die ganze Nacht lag ich eingeklemmt, ich schwebte zwischen Leben und Tod. Seit jenem Tag kümmert mich die Nachwelt nicht mehr. Wenn die nachfolgenden Generationen der Meinung sind, dass mein Haus es wert ist, erhalten zu bleiben, werden sie sich darum kümmern. Wenn nicht, werden sie es zerstören. Sinnlos war das Haus in keinem Fall, denn ich hatte Freude daran, es zu erschaffen.«

**Oben**
*Die Toiletten werden von einer der schönsten Kuppeln des Hauses überwölbt. Einer Kathedrale gleich.*

**Links**
*Der Auffangbehälter für Regenwasser, zum Grab der Großmutter von Domenig hin ausgerichtet.*

# ROM

**Linke Seite**
*Studentenproteste im Mai 1968: Fuksas hat daran teilgenommen, wie das Foto beweist. Ein Freund hat es geschickt, seither steht es eingerahmt im Arbeitszimmer des Architekten.*

**Ein natürliches Provisorium**

# Massimiliano Fuksas

**1944**
in Rom geboren
**1984**
Friedhofserweiterung, Orvieto
**1990**
Sanierung des Büßerklosters, Rouen
**1992**
Wohnanlage Candie-Saint-Bernard, Paris
**1993**
Prähistorisches Museum, Niaux
**1995**
Musée des Arts, Bordeaux

*Architektur ist konkrete Sinnlichkeit.*

Massimiliano Fuksas hält nicht viel von Design. Er schreibt dies und er sagt es auch, beides mit großem Nachdruck. Sein Anspruch ist viel zu hoch, um sich mit einer Kunst abzugeben, die nichts anderes will, als das Leben angenehmer und schöner zu gestalten. Wenn er Architekt geworden ist, dann um das Leben umzugestalten und zu verändern.

Die andere Wahrheit ist, dass Massimiliano Fuksas selbst eine Art Museum des modernen Designs bewohnt. Nicht nur der Sessel von Mies van der Rohe und die Liege von Le Corbusier, wie das bei vielen Architekten üblich ist, finden sich in seiner Wohnung in Rom. Eine bunte Schar von Objekten bevölkert seine Räume, ein Streifzug durch das ganze Jahrhundert, mit einer besonderen Vorliebe für die 50er Jahre. Die Palette der aufgestellten Stücke reicht von Arne Jacobsons Sessel über Regale von Charlotte Perriand bis hin zu Vasen von Alvar Aalto. Alles Klassiker, aber nichts von ihm selbst; denn obwohl seine Parolen ganz anders lauten, hat er auch selbst Möbel entworfen: »Aber dies geschah ganz beiläufig, man hatte mich darum gebeten ...«

Er gibt so schnell nicht nach. So schön sie auch sind, diese Objekte interessieren ihn nicht. Seine Frau Doriana begeistert sich dafür und hat sich um die Einrichtung gekümmert. Er will ihr nicht in die Quere kommen. Außerdem hat sie bedeutend mehr Geschmack als er selbst, wie er gerne zugibt. Aber dann fügt Fuksas hinzu, dass er auch von »Geschmack« nicht besonders viel hält. Und tatsächlich

*Fuksas, der Maler und Architekt, hat ein großes Gespür für Materialien. Hier gilt sein prüfender Blick einer Glasplatte. Möglicherweise wird daraus die Fassade eines seiner nächsten Gebäude.*

MASSIMILIANO **FUKSAS**

*Raumfluchten mit weiten Ausblicken.*

**Oben**
*Sogar die alltäglichen Lebensmittel werden hier zu Designobjekten.*

**Rechte Seite, unten**
*In die Küche führt eine schwere Metalltür, die durch das Lochmuster Leichtigkeit gewinnt.*

würde das auch schlecht zu seiner Haltung als spätgeborener Dadaist passen, zu seinen heftigen Attacken auf kleinbürgerlichen Konformismus, wo auch immer er ihn aufspürt. »Ich bin einfach viel spontaner«, so erklärt er. »Ein Sanguiniker. Wie so manch anderer auch bin ich der Meinung, dass das Ornament in der Architektur ein Verbrechen ist.« Er ist auch Maler, nicht nur Architekt, und so könnte er sich durchaus vorstellen, eines Abends die Wände mit roter Farbe voll zu malen.

Natürlich ist ihm keineswegs entgangen, dass der orangefarbene Sessel im Vorraum an der absolut richtigen Stelle steht, um die Kuppel des Petersdoms zu betrachten, die im Übrigen schon beim Eintreten die Blicke auf sich lenkt. Er weiß sehr wohl, dass in den Vasen im Wohnraum vor kurzem noch andere Blumen standen und das jetzige Arrangement fernöstlicher wirkt. Weiß, dass all dieses Raffinement letztlich eine besondere Lebensform bedeutet, die, ob er will oder nicht, seine eigene ist. Aber er hat dies nicht bewusst herbeigeführt. Die Dinge haben sich so ergeben, das gehört zu seinem Leben. Er hat lediglich darauf bestanden, einige Möbelstücke von Prouvé in die Wohnung zu nehmen. Wegen der einfachen Formen, der industriellen Ästhetik und der groben Materialien. »Aber wenn ich ehrlich bin, ist es mir egal.«

Man sollte sich jedoch nicht täuschen. Denn der Grund für diese Haltung ist nicht Resignation, sondern ein kämpferischer Geist. »Ein Architekt sollte nie ein Haus für sich selbst entwerfen. Er ist wie ein Söldner. Er zieht aus, um für andere zu kämpfen, aber er kämpft nicht in der eigenen Familie.« Dieses Prinzip gelte im Übrigen für alle Künstler.

Kein für sich selbst gebautes Haus also. Dafür ein herrschaftliches Gebäude, das in den 40er Jahren von Marcello Piacentini errichtet wurde, einem Lieblingsarchitekten von Mussolini. Der Grundriss, der spiralförmig um einen zentralen Innenhof angelegt ist, war perfekt. Es musste so gut wie nichts umgebaut werden. »An alten Häusern sollte man so wenig wie möglich verändern, sonst verlieren sie ihre Seele. Nichts finde ich schlimmer als die in Frankreich häufig angewandte Methode, historische Gebäude zu entkernen. Mögen wir in Italien vor einer solchen Barbarei verschont bleiben!«

Für jemanden, der nicht wirklich sesshaft werden will, sind vierhundert Quadratmeter nicht gerade wenig. Vor allem dann, wenn man noch die drei Terrassen hinzunimmt, die direkt an den Enden des dreieckigen Sockelgeschosses angebaut sind, sowie eine weitere auf dem Dach, die über die ganze Grundfläche reicht. »Wie ein Flugzeugträger«, scherzt Fuksas. Hinzu kommt der Blick über die Dächer Roms. Das grüne Wasser des Tiber, der unter den Fenstern vorbeifließt. Und die Via Giulia, eine ge-

# ROM

*Die Bibliothek ist eines der Zimmer, in denen sich Fuksas am liebsten aufhält. Nicht wegen der von Pietro Perdone entworfenen, variablen Regalelemente und auch nicht wegen der Liege sowie der »LC7-Sessel« von Le Corbusier. Wegen der Bücher selbst, die ihn in eine imaginäre, geistige Landschaft entführen.*

## »Ein Architekt sollte nie ein Haus für sich selbst entwerfen. Er ist wie ein Söldner. Er zieht aus, um für andere zu kämpfen.«

radezu mythische Straße, von der die Renaissance in Rom ihren Ausgang nahm. Der Campo dei Fiori ist zu Fuß nur fünf Minuten entfernt. Zur Piazza Navona sind es zehn Minuten. Ein Mann, der tatsächlich ein Leben führen will, das dem eines Nomaden gleicht, hätte sich sicherlich mit weniger zufrieden gegeben. Dieser Einwand verunsichert Massimiliano Fuksas nicht. Zu seinen vielen Fähigkeiten gehört auch die Begabung, seine eigenen Widersprüche in anziehende Paradoxien zu verwandeln.

So erzählt er zum Beispiel, sich in seinem Haus am liebsten in der Bibliothek oder auf der Terrasse aufzuhalten. Nicht etwa, dass ihm in der Bibliothek

die Metallregale besonders gefallen – die Bücher selbst sind es, die ihn dort faszinieren und die ein eigenes Reich des Imaginären bilden. Das Imaginäre aber hat für ihn Vorrang vor der Architektur. »Die Architektur«, schreibt er in *One Zero Architecture*, »kann uns in den Städten nur dann ein Stück vom Himmel abschneiden, wenn wir zum Himmel blicken, während wir auf den Straßen unterwegs sind. Die Gebäude selbst sind uninteressant. Sie dienen dazu, die Grenzlinie zwischen Himmel und Erde zu ziehen.« Und sind ihm Anlass für nostalgische, in poetische Bilder gefasste Exkursionen, die recht unverhofft kommen, wenn man bedenkt, dass er sich ganz und gar der Moderne verschrieben hat. Aber er ist auch Dichter und verfasst Bühnenstücke. »Warum ich es liebe, heute in Rom zu leben? Wegen des Rosenduftes, der überall die Luft erfüllte, als ich noch ein Kind war. Dieser stahlblaue Himmel und dieser entschwundene Wohlgeruch in den Straßen. Später dann, als ich Jugendlicher war,

*Der große Wohnraum erstreckt sich zwischen zwei Eckterrassen. Die leicht geschwungene Außenmauer verstärkt noch den monumentalen Raumeindruck.*

diese Augenblicke voller Anmut, wenn ich ausgegangen war und erst im Morgengrauen nach Hause zurückkehrte, das Hemd weiter offen als gewöhnlich. Das Wasser in den römischen Brunnen war so klar, wenn ich mich darüberbeugte und mir das Gesicht erfrischte. All das ist es, was eine Stadt ausmacht. Nicht die Gebäude.« Das also ist es, was Fuksas meint, darum machen für ihn erst die Bücher eine Bibliothek aus.

Mit der Terrasse ist es schwieriger. Markisen, Planen, die im Wind schlagen, Zwergpalmen, Aloe und überall Grün. Und dennoch ist man in der

Stadt, daran besteht kein Zweifel, ganz Rom liegt zu Füßen, wie in einem Architekturmodell. Und von den Uferstraßen am Tiber dringt der Lärm der Autos empor, die an den Ampeln halten und wieder anfahren. »Ich mag dieses Gefühl, an einem Ort zu sein, den es gar nicht gibt. Und dann, sobald das Auge sich daran gewöhnt hat, gewinnt die Wirklichkeit wieder die Oberhand, die Wirklichkeit Roms. Die Peterskirche, dann der Gianicolo, die Engelsburg und die vielen Kuppeln …«

**Links und oben**
*Ein privates Museum, das seine Frau Doriana eingerichtet hat: der »Eisessel« von Arne Jacobsen, ein Gemälde von Roberto Matta, ein Tisch von Jean Prouvé. Dazu Fuksas: »Ich bin gegen Design …«*

**Folgende Doppelseite**
*Tisch und Stühle von Jean Prouvé, die einzigen Möbelstücke, die vor Fuksas' strengem Blick Gnade fanden. Wegen ihrer einfachen, groben Linien und ihres Industriedesigns.*

Massimiliano Fuksas ist ein leidenschaftlicher Liebhaber der Stadt – wie auch der Städte überhaupt. Vor allem weil er gerne dort lebt. »Diese Vorliebe ist nicht besonders originell. Seit Jahrhunderten verlassen die Menschen das Land und ziehen

*Das Schlafzimmer. Das gewachste Holzparkett gehört zur ursprünglichen Ausstattung der herrschaftlichen Villa, die von einem der Lieblingsarchitekten Mussolinis erbaut wurde.*

in immer größerer Zahl in die Städte, die Orte voller Spannungen und Widersprüche, aber auch voller Faszination sind.« Dies mindert nicht seine ganz persönlichen Freuden. Den ersten Cappuccino auf einer alten Piazza zu trinken. Zu Fuß in das Büro zu gehen. Eine ganze Stunde mit einem Bekannten zu plaudern, den man zufällig getroffen hat, ohne zuzugeben, dass man eigentlich gar keine Zeit hat …

Die Stadt ist aber auch darum für ihn unverzichtbar, weil sie den Bezugsrahmen für seine Architektur bietet. Das wird deutlich, wenn er mit Pinsel und Modellbauten daran geht, ganze Stadtteile zu entwerfen, sämtliche Details inbegriffen, oder wenn er über entsprechende Sanierungsmaßnahmen nachdenkt. Ein Stück von Shanghai, Limoges, Amiens, Clichy oder Berlin. Aber dies gilt genauso für Aufträge, die lediglich ein einzelnes Gebäude betreffen. Der Häuserblock Candie-Saint-Bernard, nur wenige Schritte von der Place de la Bastille in Paris entfernt, erschließt sich erst dann in der gan-

*Wandlampen von Serge Mouille (1950), ein »Zauberpferd« aus Timor, ein Text-Bild-Objekt von Joseph Kosuth – und der Ausblick auf eine der Terrassen, bevorzugter Aufenthaltsort des Architekten.*

zen Komplexität seiner Anlage, wenn man ihn umrundet hat. Dem Musée des Arts in Bordeaux nähert man sich am besten ganz langsam. Alle seine Gebäude setzen auf Vielfalt und Überraschungen.

Auch die Terrasse ist für ihn ein Stück Architektur. Flüchtig und vergänglich, weil dies das Schicksal aller Architektur ist. »Wir müssen uns von der Illusion befreien, für die Ewigkeit zu bauen. Während des letzten Weltkriegs haben wir beinahe die Architektur von ganz Deutschland verloren. Und dies setzt sich auch heute noch fort: Erst gestern habe ich erfahren, dass hier in Rom für einen Parkplatz ein Teil der alten Stadtmauer zerstört werden sollte. Man muss sich dieser Vorgänge bewusst sein, bevor man darangeht, dem eigenen Tun Dauer verleihen zu wollen.«

Dieser Grundsatz gilt auch für sein eigenes Haus. In der Ecke eines Balkons sind an jenem Tag Arbeiter dabei, Umbauarbeiten an der Brüstung vorzunehmen. In den fünf Jahren, die das Paar das Gebäude bewohnt, hat sich an diesem Zustand nichts geändert. »Wenn einmal alle Arbeiten beendet sind, ist es Zeit, wieder von hier fortzuziehen.« Massimiliano Fuksas hat immer wieder die Städte gewechselt, sei es in Frankreich, Österreich oder Italien. Er weiß nicht mehr, an wie vielen Adressen er schon in Rom gewohnt hat. In Paris waren es mindestens vier. Seine letzte Wohnung dort hat er mitsamt der ganzen Einrichtung verkauft, weil er völlig neu anfangen wollte. »Nach vier oder fünf Jahren verblassen die Farben allmählich, in den Ecken sammelt sich der Staub und die Zeitschriften vergilben. Die einzige Lösung ist, dann fortzugehen.«

*Von Wohnraum und Schlafzimmer aus öffnen sich Verandatüren direkt ins Freie auf eine der Terrassen. Von seinem Bett aus blickt Fuksas auf eine wuchernde Vegetation.*

Um aus dem Nichts alles wieder neu zu erfinden? Mit Sicherheit nicht. Denn auch wenn der Geist voller Unternehmungslust in die Zukunft drängt, immer auf der Suche nach neuen Projekten und Herausforderungen, bleibt doch das Herz immer einen Schritt zurück und hängt an seinen Erinnerungen. Und dies kann schließlich auch die Erklärung dafür sein, warum Fuksas sich in einem Wohnraum wohl fühlt, der so wenig mit ihm selbst zu tun hat. Er gibt ihm die Illusion, nicht wirklich bei sich zu Hause zu sein, schon aufgebrochen zu sein an einen anderen Ort.

## Das Haus des Maestro

# Vittorio Gregotti

*Neorenaissance oder Neobarock?*

**1927**
in Novara geboren
**1973**
Universität
von Kalabrien,
Cosenza
**1988**
Olympiastadion,
Barcelona
**1993**
Kulturzentrum in
Belém, Lissabon
**2000**
Umnutzung
des Fabrikgeländes von Pirelli,
Mailand

Wir befinden uns an der Peripherie von Mailand, der reichen Stadt. Ein Gefängnis, Straßenbahnschienen, die irgendwohin führen, einige massiv gebaute Mietshäuser, die ein Flair von Mitteleuropa ausstrahlen, eine Autowerkstatt – und dann dieser schon in die Jahre gekommene Palast, überladen mit Ornamenten, mit Friesen, Pilastern und mit doppelten Blendbögen über den Fenstern. Im Stil des Historismus errichtet. Das Werk eines italienischen Architekten aus dem ausgehenden 19. Jahrhundert, der davon träumte, Bramante zu sein.

Vittorio Gregotti arbeitet seit zwanzig Jahren hier. Mit seinem Büro, in dem er im Augenblick mehr als siebzig Mitarbeiter beschäftigt, hat er sich bis in die mächtigen Kellergewölbe breit gemacht, letzte Überreste einer alten Ziegelei, die für den historischen Bau abgerissen wurde. »Ich habe mich mit dieser überladenen Architektur inzwischen angefreundet und finde sie gar nicht mehr so unangenehm«, lautet der Kommentar des Hausherrn. Als die Wohnung im oberen Stockwerk schließlich vor drei Jahren frei wurde, hat er deshalb die Gelegenheit genutzt. Nun verbringt er Tag und Nacht in dem Haus.

Alles, was er braucht, ist vor Ort. Er steht früh auf, um zu schreiben, nachzudenken, geht dann in sein Arbeitszimmer hinunter und frühstückt im Freien, wenn das Wetter schön ist. Denn vor seinen Fenstern erstreckt sich eine große Terrasse, die mit ihren Hecken und weinumrankten Spalieren fast schon ein Garten ist. In der Stadt ist Gregotti seither viel seltener anzutreffen, was ihm jedoch nicht viel ausmacht. Er stammt ursprünglich aus der oberitalienischen Stadt Novara, in der seine Eltern bedeutende Textilfabrikanten waren. In Mailand, so erzählt er, habe er nie aus ganz freien Stücken gelebt. »Es ist praktisch, hier zu leben, die Stadt ist weltoffen, aber um ehrlich zu sein, ist es nicht sehr

**Linke Seite**
*Büro und Privaträume des Architekten befinden sich im gleichen Gebäude. Der Palazzo aus dem 19. Jahrhundert wurde an Stelle einer Ziegelei errichtet, von der nur noch die Kellergewölbe erhalten sind.*

schön hier.« Im Alter von über siebzig Jahren erlaubt er sich deshalb, weniger Zeit als früher in der Stadt zu verbringen. Wer ihn sehen will, kommt zu ihm. Wenn er es anders will und wieder mitten in der Stadt sein möchte, verbringt er seine Wochenenden in Venedig, wo seine Frau herstammt. Dort logiert er noch herrschaftlicher: in der Wohnung, die ehemals Lord Byron gehörte.

nicht weniger renommierten Zeitschrift, die für die italienische Architektur tonangebend ist und folglich auch internationale Bedeutung hat.

Mit einem liebenswürdigen Lächeln begrüßt uns Vittorio Gregotti an der massiven Pforte seines Palais. Nach einem Blick auf den Garten folgen wir ihm in das große, mit Stuckaturen überladene Treppenhaus, das seit einem Jahrhundert so gut wie

**Oben**
*Gregotti hat die Räume seiner Wohnung völlig umgestaltet, auf Effekte durch Kontraste aber nicht ganz verzichtet. Der weiß gestrichene Kaminaufsatz wird zu einem zurückhaltend barocken Element.*

Weiße Weste, hellgraue Hose, perfekt gestutzter Bart: Vittorio Gregotti strahlt die unauffällige Eleganz eines wahren Maestro aus. Zuallererst wegen der Größe und Anzahl seiner Projekte. Der Bau der Universität von Palermo, des Olympiastadions in Barcelona und weiterer Stadien in Nîmes und Genua, Planungen für ein ganzes Viertel auf dem aufgelassenen Firmengelände von Pirelli nahe bei Mailand, dessen Bauzeit mehr als zehn Jahre dauern wird ... Darüber hinaus aber ist Gregotti durch seine Veröffentlichungen zu einer der wichtigsten Gestalten der zeitgenössischen Architekturszene geworden. Er war Leiter der Triennale in Mailand und der Biennale in Venedig, hat mit Ernesto Nathan Rogers, dem Gründer der Zeitschrift *Domus* (und Onkel von Richard Rogers) zusammengearbeitet und war selbst Chefredakteur von *Casabella*, einer

unverändert geblieben ist, und steigen nach oben. Seine Wohnräume hat Gregotti völlig neu gestaltet. Ohne falsche Zurückhaltung, aber auch ohne falsche Posen. »Wenn der Eindruck entsteht, dass alles wie von selbst seinen richtigen Platz hat, ist ein Umbau gelungen. Wenn ich in einem zeitgemäßen Ambiente lebe, das zugleich so wirkt, als sei nichts verändert worden. Es ist wichtig, auf die eigene innere Logik eines jeden Gebäudes zu achten. Es wie einen lebendigen Organismus zu behandeln.«

Was dies betrifft, so ist der taktvolle Umgang allein durch einen anhaltenden Dialog mit dem Bauwerk und seinem Umfeld zu erreichen. Gerade weil er diese Möglichkeit des Dialogs suchte, wählte Gregotti ein Haus, das schon seine eigene Geschichte hatte. Für sich selbst eines in allen Details entwerfen, wollte er nicht. »Das wäre zu schwierig gewe-

**Oben**
*An der Zwischenwand in der Mitte des Salons ein Gemälde aus dem 19. Jahrhundert. Es stellt Canovas Vorstellung eines idealen Museums dar. Darüber eine Büste Napoleons von Canova selbst.*

**Rechte Seite**
*Die Bibliothek ist im Flur untergebracht. An den Buchrücken entlanggehen, ein Buch herausnehmen und die übrigen vergessen ...*

*Im Schlafzimmer eine Serie von Porträts, die Marcel Duchamp zeigen, fotografiert von Hugo Mulas. Vittorio Gregotti hat viele der großen Künstler des Jahrhunderts gekannt.*

sen und auch zu hart für mich. Ich hätte das Gefühl, mir ständig meine eigenen Fehler vor Augen zu führen.« Es steht außer Frage, dass es weiser ist, die Fehler der anderen zu korrigieren. Oder selbstlos deren Verdienste anzuerkennen.

Diese Grundeinstellung durchdringt sein ganzes Werk. Das Stadion in Barcelona vielleicht ausgenommen, dessen modernistisches, von Lluís Domènech i Montaner entworfenes äußeres Traggerüst er zwar beibehielt, das er jedoch völlig entkernt hat, um neue Tribünen einzubauen. Dennoch hält sich die Anzahl alter Gebäude, mit deren Umgestaltung und neuer Nutzung Vittorio Gregotti sich befasst hat, in Grenzen. Aber viele seiner Bauten entstanden in unmittelbarer Nachbarschaft bedeutender Baudenkmäler. Ein Hotel in Vicenza, das in der Nähe eines Palazzos von Palladio liegt; eine Anlegestelle für große Fährschiffe in Istanbul, direkt gegenüber der Yeni-Valide-Moschee, einem prächtigen Bau aus dem 17. Jahrhundert; und dann das wichtigste Projekt der letzten Jahre, das Kulturzentrum von Belém in Lissabon, das zwischen dem Ufer des Tejo und dem Kloster Los Jeronimós seinen Platz fand.

»Aber selbst wenn die Geschichte keine deutlichen Spuren hinterlassen hat, entsteht Architektur erst durch das genaue Studium dessen, was schon vorhanden ist. Was bei den Entwürfen der Architekten von heute häufig fehlt.« Das aber bedeutet, die geographischen Bedingungen, die Lebensgewohnheiten der Menschen und die soziale Struktur genau zu untersuchen. Alles zu zergliedern, um es besser zu einer neuen Einheit zusammenfügen zu können. Denn es geht nicht darum, sich anzupassen oder nach Kompromissen zu suchen. Die genaue Kenntnis des Terrains macht es erst möglich, das eigene Projekt befriedigend umzusetzen und sich letztlich in der eigenen Arbeit bestätigt zu sehen.

Dies gilt auch für das eigene Domizil. Auch hier nutzte Gregotti, was gegeben war, um dann lautstark zu sagen, was er zu sagen hatte. »Vielleicht

*An der Wand neben dem Bett Zeichnungen von Matisse, Le Corbusier und Tinguely. Zwei Lampen aus Muranoglas auf der Kommode, ein Geschenk des italienischen Architekten Carlo Scarpa.*

> **»Wenn der Eindruck entsteht, dass alles wie von selbst seinen richtigen Platz hat, ist ein Umbau gelungen.«**

etwas weniger laut und weniger radikal als anderswo«, stellt er lächelnd richtig, »denn wir leben hier zu zweit, und meine Frau hatte gleichfalls ihre Vorstellungen, die sie durchzusetzen wusste.« Das ursprüngliche Dekor der Wohnung ist verschwunden. Lediglich ein Kamin mit einem prächtigen Aufsatz voller pausbäckiger Putten ist geblieben, aber auch er wurde weiß gestrichen, wie der Rest.

Man betritt die Wohnung von einem langen, geraden Flur aus, der dunkel wirkt, denn an beiden Wänden sind Regale voller Bücher aufgestellt. Ein Durchgangsort, der zugleich als Bibliothek dient. Ist dies Zeichen einer möglichst pragmatischen Nutzung der Räume? Das nicht, eher von symbolischer Bedeutung. »Bücher sollte man betrachten und vielleicht eines von ihnen herausnehmen, sie dann aber wieder vergessen, um den Kopf frei zu haben.«

Am Ende des Flurs öffnet sich die Tür zum Salon. Ein Tonnengewölbe von dreifacher Höhe kreuzt in rechtem Winkel die Längsachse des Flurs, die sich noch zu einem großen Glasfenster und dahinter bis zu einem achteckigen Pavillon fortsetzt. Dieser steht in der Mitte des Gartens, der wie ein

*Seit vielen Jahren sammelt Gregotti alte Architekturmodelle. Seine eigenen stellt er dazwischen. Ein Memento Mori der eigenen Vergänglichkeit, der Geschichtlichkeit des Seins.*

zusätzliches Zimmer genutzt wird. Rechts vom Eingang zweigt ein weiterer Flur ab, der in eine dreiläufige Treppe mündet: »Besonders große Aufmerksamkeit widme ich stets den Gelenkstellen zwischen den Räumen«. Von dort aus gelangt man in das Schlafzimmer, aber auch zu einer kleinen Wendeltreppe, die in das darüber liegende Stockwerk führt. Seine Frau hat dort ihr Arbeitszimmer.

Die Anordnung des Ganzen ist entschieden und klar. Von einer kompromisslosen Strenge. Die Losungsworte des Architekten, die er gerne wiederholt, kommen einem in den Sinn: Einfachheit, Exaktheit, Einheit. »Die Ordnung ist die Struktur der Dinge selbst, auch wenn jede besondere Struktur das Ergebnis verschiedener Ordnungen ist, die

sich übereinander lagern. Ohne Ordnung können die Formen nicht existieren. Sie sind nur Konglomerate. Oder in den Worten von Louis Kahn: Ordnung ist Form.« Sein privates Universum, in dem jeder Gegenstand, jedes Möbelstück seinen Platz hat, wirkt wie die perfekte Anwendung dieser Theorie. »Nicht ganz«, lautet der rhetorische Einwand von Gregotti, »denn im Vorraum stehen zwei Büsten, die mir ein befreundeter Bildhauer geschenkt hat, und jedes Mal, wenn er kommt, verrückt er sie um einige Millimeter. Es gibt nur eine einzige Position, so sagt er, wo sich ihre Blicke kreuzen.«

Alles wird bei Gregotti zu Architektur, so scheint es. Im Übrigen weigert er sich, Architektur und Innenarchitektur, Städtebau und Design zu trennen. Seine Arbeit reicht vom Entwurf ganzer Städte (einmal wurde er von russischer Seite sogar gebeten, eine Idealstadt zu planen, in der die Bewohner von Tschernobyl angesiedelt werden sollten) bis hin zu utopischen Projekten, wie die Errichtung einer gespenstischen Plattform im Mittelmeer, die weit vor der Küste die Energieversorgung ganzer Landstriche hätte übernehmen sollen. Und sogar große Kreuzfahrtschiffe hat er entworfen. Alles mit dem gleichen Sinn für die Ökonomie der Mittel und des Raums, der sein Werk auszeichnet.

Aber diese Suche nach einfachen Lösungen wird durch spielerische Einfälle immer wieder durchbrochen. Im Arbeitszimmer seiner Frau gibt es ein Fenster, von dem aus man wie von einem Balkon zu dem darunter liegenden Salon hinabschauen kann. »Regeln aufzustellen ist wichtig, aber nur, um sich dann von ihnen befreien zu können«, meint er. Wieder zurück im Flur gilt noch einmal ein bewundernder Blick der in die Tiefe des Raums führenden zentralen Achse, die schließlich im Garten endet. Wieder reagiert Gregotti ähnlich. »Liegt der Fluchtpunkt, der von der Eingangstür aus angesteuert wird, im Rauminnern oder im Außenraum? Es ist schwer zu sagen, und ich liebe diese Ungewissheit. Für mich definiert sich Architektur vor allem durch die Grenze, die sie zieht. Wenn dies jedoch einmal passiert ist und die Wand steht, sind alle Möglichkeiten wieder offen.«

Und schließlich sind da noch die Spuren, die das Leben hinterlässt und die der ursprünglichen strengen Ordnung hartnäckig entgegenarbeiten. Denn Gregotti, der einen ästhetischen Minimalismus verficht, liebt die Gegenstände und streitet dies auch nicht ab. Nicht um ihrer selbst willen, sondern wegen der Geschichten, die sie zu erzählen haben. Sein

*Selbstporträt eines unbekannten Malers aus dem 18. Jahrhundert.*

Haus ist sein privates Reich des Imaginären. Eine private Welt voller Erinnerungen.

Zu Objekten, die aus der Familie stammen – ein Plakat aus dem Kongo zum Beispiel, ein Erinnerungsstück seines Großvaters, eines Naturforschers –, kommen die Sammlerstücke seiner Frau, die eine Vorliebe für den Klassizismus hat. Veduten mit Säulenarchitektur, gegen Anfang des 19. Jahrhunderts gemalt, eine monumentale Büste Napoleons von Canova. Gregotti selbst hat in seinen Bauten kein einziges Mal einen Giebel verwendet, aber er weiß, dass auch die zeitgenössische Architektur nicht auf die Bautradition der Antike verzichten kann. Also hat er zugestimmt.

Alles andere sind Objekte, die sein eigenes Leben erzählen. Über den weißen Sesseln im Gartenpavillon, die er selbst vor zwanzig Jahren entworfen hat, hängt die Miniatur eines asiatischen Tempels: eine Erinnerung an die erste Reise nach Japan. Auf dem Tisch eine weiße Vase: »Alvar Aalto hat sie mir geschenkt.« Eine Zeichnung von Le Corbusier: »Ich habe ihn sehr gut gekannt. Er hat sie mir eines Tages während eines Essens überreicht, bei dem auch Gropius anwesend war. Ich war fasziniert von seinem Charisma.« An einer anderen Wand ein Gemälde von Léger: »In Marseille bin ich ihm begegnet, zusammen mit Picasso. Ich machte mich ganz klein, um mitzubekommen, was die beiden miteinander redeten. Aber sie sprachen gar nicht über Kunst, nur über die Geschäfte, in denen sie ihre Farben kauften, über die Preise für Pinsel.«

In der ganzen Wohnung verstreut stehen die Architekturmodelle, die Gregotti seit zwanzig Jahren sammelt. Säulenfragmente, Entwürfe, die aus der Hand von Baumeistern längst verflossener Jahrhunderte stammen. Dazwischen immer wieder eines seiner eigenen Werke, ganz aus Gips und wegen seiner Nüchternheit sofort hervorstechend. »Dieses Nebeneinander ist mir wichtig. Dieser Zusammenstoß verschiedener Epochen und Stile, der uns unablässig daran erinnert, dass auch wir selbst nur einen kurzen Augenblick verkörpern, einen Übergang.«

*Die Fassaden des Palazzo, hier zur Gartenseite, hat der Architekt nahezu unberührt gelassen. Der Pavillon ist ein eigener Entwurf.*

**Rechts**
*Am Rand der Terrasse die Terrakottabüsten zweier Gelehrter.*

### Technologie und Buddhismus

# Hiroshi Hara

*Felder, Gärten und Wald, nur eine Stunde von Tokio entfernt.*

**1936**
**in Kawasaki geboren**
**1983**
**Kunstmuseum von Karuizawa, Nagano**
**1985**
**Bürogebäude für Yamato International**
**1993**
**Umeda Sky, Wolkenkratzerensemble, Osaka**
**1999**
**Bahnhof und Geschäftszentrum, Kioto**
**2000**
**Bau des Stadions für die Fußballweltmeisterschaft, Sapporo**

An jenem Morgen ist der Himmel leicht bewölkt, und es ist Frühsommer in Tokio. Feuchte Luft und überall Grün, sobald an den Bahnhöfen der Vororte die Betonwüste der Großstadt aufhört. Das Haus von Hiroshi Hara ist an einem solchen Tag so gut wie unsichtbar. Zwischen den Blättern sind nur vereinzelte dunkle Holzflächen zu erkennen. Geradlinig verläuft ein Band aus Plexiglas über dem Dach und bildet die Form der Wölbung nach. Matt wie der Himmel selbst. An der Seite ragt ein Glaskubus empor, ein Schrein der Leere und Transparenz, in dem das Licht sich flüchtig spiegelt und der keine eigene Materialität zu besitzen scheint. Der Architekt ist mit dieser Wirkung zufrieden, fügt ergänzend hinzu: »Im Winter ist es ganz anders. Wenn die Bäume ihre Blätter verloren haben, ist der Ort ungeschützt. Oder wenn die Sonne scheint. Oder in der Nacht. Meine Architektur existiert nicht per se, hat keine unabhängige Dauer. Sie verändert sich mit den Bedingungen der Wahrnehmung.« Der Mann hat Merleau-Ponty gelesen, zitiert Heidegger.

Inzwischen über sechzig Jahre alt, mit einem Büro hoch über der Stadt und dreißig Jahren Lehrerfahrung in Berkeley und an der Universität von Tokio verkörpert Hiroshi Hara noch immer das Experiment, die Avantgarde. Er hat in Osaka die ersten Wolkenkratzer errichtet, die miteinander durch einen hängenden Garten verbunden sind, hat inmitten der alten Kaiserstadt Kioto einen Bahnhof erbaut, der von außen nichts als eine fünfhundert Meter lange Mauer ist, und er hat sogar menschliche Wohnmodule für den Mond entworfen. Im Augenblick arbeitet er am Stadion für die nächste Fußballweltmeisterschaft in Sapporo, dessen Rasen je nach Bedarf unter freiem Himmel oder geschützt in einer Halle liegen wird. Dieser Futurist und Avant-

**Linke Seite**
*Der glatte Beton ist unbearbeitet geblieben, wie die sichtbaren Spuren der Verschalung zeigen.*

gardist ist zugleich Anhänger des Buddhismus. Wenn nicht als Religion, so doch als Philosophie.

Tunika und Hose aus fließendem, schwarzem Stoff, eine kultivierte und präzise Gebärdensprache, eine schmale, zarte Gestalt. Zugleich aber zwei Schachteln Zigaretten pro Tag und eine Begeisterung für Elektronik, Informatik und alles, was nach technologischer Überholspur aussieht. Ein Widerspruch? »Grundlage des Buddhismus«, so erklärt er, »ist es, mit den Gegensätzen zu leben.« Auf Skizzenpapier zeichnet er die Linien eines geheimnisvollen Diagramms und schreibt daneben einzelne Sätze, die er laut rezitiert: »Licht ist zugleich Dunkelheit« oder »Die Existenz ist zugleich das Nichts«. Sein beinahe immaterielles, sich verflüchtigendes Haus wirkt wie eine Illustration dieser Prinzipien.

Die Vorgeschichte reicht gut fünfundzwanzig Jahre zurück. 1973, als er wenig Aufträge hat und beschließt, ein Haus für sich selbst zu bauen, spürt er, wie das Schicksal ihn streift. Zur gleichen Zeit erlebt er den Tod seines Vaters und die Geburt seines ersten Kindes. Seither steht sein Haus für ihn im Zeichen des Lebens und des Todes zugleich.

Das Grundstück befindet sich in Machida, eine Stunde von Tokios Neonwelt entfernt, und liegt noch mitten im Wald. Zehn Jahre wird es dauern, bis der Moloch auch hier die Natur allmählich auffrisst und erst vor seiner Tür Halt macht. Zu jenem Zeitpunkt aber hat er noch keinen einzigen Nachbarn. Zudem ist der Quadratmeterpreis nicht sehr teuer, für Tokio ein ungewöhnlicher Glücksfall. Das Grundstück hat allerdings einen entscheidenden Nachteil: Es liegt an einem Abhang, der für ein Haus so gut wie keinen Platz zu bieten scheint.

Hara kommt dies gerade recht, weil er seine Kindheit in den Bergen verbracht hat und weil er nicht vorhat, auf dem flachen Land, in der Horizontalen zu wohnen. Weil er außerdem die traditionelle Architektur seiner Heimat studiert hat. Japans schönste Tempel sind jene, die sich an Bergrücken anlehnen und wie deren Echo wirken. Schließlich darum, weil sein geplanter Grundriss sich der felsigen Schlucht ohne weiteres anpasst. Er will die besondere topographische Lage nicht ignorieren, sie im Gegenteil noch betonen. Sein Haus soll sich dem Waldgrundstück anschmiegen. Ganz in der Tradition alter japanischer Bauweisen hat er keine eindeutigen Grenzen gezogen. Sein Garten geht unmerklich in den Wald über, als dessen Spiegel. So gesehen, hat Hiroshi Hara als Architekt nichts anderes getan, als die umgebende Landschaft zu gestalten.

**Rechts**
*Außen dunkle Holzverkleidung, wodurch die Fassaden Licht abweisend wirken. Die Fenster sind dort, wo der Ausblick auf die Landschaft besonders malerisch ist.*

**Rechte Seite**
*Die Mittelachse des Hauses. Eine Straße im Innern des Gebäudes, mit Kreuzungen und Plätzen, die sich ganz dem steil abfallenden Gelände anpasst.*

In dem nach wie vor dichten Wald stehen seine beiden Häuser nahe nebeneinander. Das eine ein horizontal ausgerichteter, sehr schlichter Bau. Das andere ein vertikaler, streng technischer Glaskubus, vor kaum einem Jahr errichtet. Trotz der gegensätzlichen Stile ist der eine Bau das Echo des anderen. Die Weiterentwicklung des Architekten ist genauso spürbar wie stets gleichbleibende Motive: die Suche nach dem Wesentlichen, die Reduktion auf den Kern der Dinge. Eine neue »Luft« will er schaffen (er weigert sich, den Ausdruck »Atmosphäre« zu gebrauchen), in der die typisch westlichen Unterscheidungen zwischen Natur und Kultur, zwischen Ökologie und Technologie überflüssig werden.

Das erste Haus ist einfach, so sehr, dass es ans Gewöhnliche grenzt. Das Holz, mit dem die Außenwände verkleidet sind, ist dunkel gestrichen, um noch unauffälliger zu wirken. Das Volumen des Quaders ist leicht zu erfassen. Ein paar Fenster, die einen überwältigenden Ausblick auf die Landschaft erlauben. Die Schuhe werden am Eingang ausgezogen, man tritt über die Schwelle in das Haus – und plötzlich, wie ein Schock, eine Fülle an Licht. Metallisches Grau und eine perfekte Geometrie. Hiroshi Hara oder: Die Geschichte der unmöglichen Begegnung zwischen einem buddhistischen Mönch und George Orwell. Dann die Erinnerung an die einführenden Prinzipien: »Dunkelheit ist zugleich Licht« oder allgemeiner »Mit den Gegensätzen leben« …

Der Eingang befindet sich ganz oben und ermöglicht sofort einen Überblick. Ein Flur dient als zentrale Achse, führt über Treppen hinab und mündet schließlich in den quadratischen Wohnraum, der sich zu einer Glasfront hin öffnet. Dahinter liegt noch eine Terrasse, deren Dielen frei über den Abgrund ragen, der einzige Tribut an die Horizontale.

**Linke Seite**
*Einübung der Kunst, nach der Philosophie des Zen zu leben. Auch die Gemälde, die Stereoanlage und der Fernseher tragen dazu bei, hier Hiroshi Haras Tochter im Meditationssitz.*

*Als er sein erstes Haus baute, befasste sich Hiroshi Hara mit Fragen der Symmetrie.*

Hara selbst spricht nicht von »Flur« oder »Wohnraum«, sondern von »Innenstraße« und »öffentlichem Platz«. Selbstverständlich trifft er diese Wortwahl ganz bewusst. »Jedes meiner Bauwerke versucht gleichsam die Abbildung der Architektur selbst zu sein. Wie die russischen Matroschka-Holzpuppen umschließt jeder Bau unterschiedlichste Aspekte der Baukunst. Im Innern dieses Hauses zum Beispiel, habe ich eine städtebauliche Struktur nachgebildet, mit Verkehrsachsen und Straßenkreuzungen. Im Bahnhof von Kioto ist unter dem großen, den gesamten Gebäudekomplex umfassenden Hauptdach gleichfalls eine ganze Stadt versammelt: mit Schienenwegen, Bahnsteigen, aber auch Hotels, einem Theater, Büros und in der Mittelachse eine Art Schlucht. Dies war von mir als Metapher eines Tals zwischen zwei Gebirgsketten gedacht, ein sehr ehrgeiziger Plan. Ich wollte sozusagen einen Teil der Natur integrieren. Zwischen beiden Projekten sind sehr viele Jahre vergangen. Die Richtung, die meine Suche nimmt, hat sich jedoch nicht geändert.«

Rechts und links der zentralen Achse des Hauses sind die Zimmer gleichmäßig angeordnet. Von unten nach oben zunächst die Küche und das Bade-

zimmer, dann ein Arbeitszimmer, gegenüber ein Raum mit Tatamis – japanische Reisstrohmatten –, um Gäste zu empfangen oder sich zu entspannen. Schließlich zwei Schlafzimmer. Jeder dieser Räume ist versteckt und zwar wegen der vorspringenden Raumkörper, auf die geviertelte Zylinder aus Plexiglas gesetzt wurden. Ein Baustoff, der für das ganze Konzept entscheidend ist.

»Eine Metapher für die Wolken«, wirft Hara ein. Aber wichtiger noch sind die Reflexionen. »Ein weiterer Beweis dafür, dass in jeder Dunkelheit noch Licht steckt. Die Lichtführung soll die üblichen Erfahrungen ins Gegenteil verkehren. Wenn wir ein Haus betreten, ist es dort normalerweise dunkler als draußen. Hier ist genau das Gegenteil der Fall. Die Materialien und Farben besitzen alle eine gewisse Leuchtkraft. Dieser Eindruck ist unabhängig von der Lichtmenge.« Das Verständnis seiner Bauten

nach. Denn diese Ordnung wird von dem Architekten lediglich eingeführt, um sofort wieder aufgehoben zu werden. »Mein Haus«, so erklärt er, »ist streng genommen nur einmal im Jahr symmetrisch, dann nämlich, wenn der Verlauf der Sonne genau der Linienführung des verglasten Dachstreifens folgt. Die übrigen Tage dagegen wirft das Licht ungleiche Schatten in die Räume und legt über meine symmetrische Konstruktion eine flüchtige, sich dauernd wandelnde Ordnung der Asymmetrie. Die ganze Strenge der Architektur dient nur dazu, das Chaos des Lichts sichtbar werden zu lassen.«

## »Innen ist zugleich Außen, Licht ist zugleich Dunkelheit, Ordnung ist zugleich Chaos.«

*Das zweite Haus des Architekten, ein Ort der Transparenz. Der nahezu vollkommene Gegensatz zu dem angegliederten ersten Bau.*

**Rechts**
*Wozu der Raum dienen soll, ist nicht näher bestimmt. Er ist Ausdruck der neuen formalen Experimente von Hiroshi Hara. Einfachste Formen und ein Spiel mit Lichtreflexen ...*

kann durch so manches Detail erleichtert werden: das einheitliche Grau der Wände etwa oder das Schwarz der Bodenfliesen – alles trägt dazu bei, seine Bauwerke zu Projektionsflächen eines einzigen großen Schattentheaters werden zu lassen.

Zu Beginn seines Hausbaus steckt Hara mitten in einem persönlichen Forschungsvorhaben, das er von Projekt zu Projekt weiter ausbaut. Die Villen seiner Auftraggeber errichtet er nach streng symmetrischen Grundrissen; er arbeitet daran wie besessen. Auch sein eigener Wohnsitz gehört in diese Serie von Bauten, die er »Spiegelhäuser« nennt. Solche Konstruktionen waren damals provokant, stellten sie doch eine der Grundüberzeugungen der modernen Architektur in Frage: Das Dogma, einen freien Grundriss zu entwerfen, bedeutete die Ablehnung von klassischen und ausgewogenen Proportionen.

Eine Rückkehr zur symmetrischen Anordnung der Räume also, wenn auch nur dem Anschein

Der Entwurf ist genau durchdacht. Plötzlich wird auch die Verdoppelung des ersten Hauses um den angegliederten schlichten Glaskubus verständlich, der auf einem Sockelgeschoss ruht. Was dessen Nutzung betrifft, bleiben die Aussagen vage. Er sollte ein Haus für die Mutter des Architekten werden, die jedoch nie darin gewohnt hat. Dann ein Atelier für die Tochter, die Malerin ist. Worauf es wirklich ankommt, ist unabhängig von der Funktion. Denn entscheidend ist Haras ganz persönliches Projekt, sein immer wieder neu erprobter Versuch, mit möglichst geringen Mitteln Natur, Licht und Technologie zu vereinen. Die Durchführung des Experiments ist von großem Raffinement, jede Glasplatte variiert in ihrer Transparenz und ihren Lichtreflexen, so dass ein subtiles Spiel von Variationen entsteht.

»Dieser Glaskubus«, so legt Hiroshi Hara dar, »soll die wachsende Bedeutung der Informatik in unserer Gesellschaft zum Ausdruck bringen.« Er führt Mies van der Rohe an. Das große Verdienst dieses Architekten, der ganz auf Transparenz gesetzt hat, sei es gewesen, über das künstliche elektrische Licht nachzudenken. Dessen Entwicklung habe damals noch in den Anfängen gesteckt, hatte die nächtlichen Landschaften der Städte noch nicht revolutioniert. Mies van der Rohe jedoch habe das Kunstlicht zu nutzen und geschickt in Szene zu setzen gewusst.

Für die modernen Informationstechnologien möchte Hiroshi Hara ein Gleiches leisten. »Mich hat beeindruckt«, so erzählt der Architekt, »wie vor einigen Jahren ein Schachmeister versucht hat, sich mit einem Schachcomputer zu messen. Welch eine Herausforderung liegt darin. Mit meiner letzten Entwurfsserie von Häusern habe ich Ähnliches versucht. Ich wollte denken wie ein Computer.« Das architektonische Ergebnis ist ein Wunder an Transparenz und Klarheit. Reine Natur.

*Kühle Ästhetik im Badezimmer. Die Metalltöne wiederholen sich auch in der Küche.*

*Der Tatami-Raum, der Ruhe und Meditation gewidmet, aber auch ein Schlafzimmer für Gäste.*

AYOAMA

*Beton, Stahl und Glas als sich ergänzende Elemente.*

**Spielerischer Ernst**

# Norihide Imagawa

Norihide Imagawa glaubt fest daran, dass Baustoffe wie lebende Wesen sind. Holz, Glas oder Beton lassen sich für ihn nicht auf das reine Kalkül und die angewandte Geometrie reduzieren, sondern entwickeln einen jeweils eigenen Charakter. Sie haben ihre eigene Lebensdauer, die er so weit wie möglich zu verlängern trachtet; sie prägen die Form und die Maße der von Menschen bewohnten Räume, sie müssen sich mit Wind und Wetter herumschlagen, müssen den Stürmen und in Japan auch den Erdbeben trotzen. Kurz, sie sind ganz sie selbst, mit ihren Stärken und Schwächen, und wollen liebevoll behandelt werden. Imagawa hat ein Haus gebaut, das diesen Effekt vorführt. Es ist sein eigenes.

Was auch daran liegt, dass er kein Architekt wie viele andere ist. Er ist 52 Jahre alt, und seine Bauprojekte sind nicht gerade zahlreich: ein Raumschiff, das niemals ins Weltall gelangen wird, weil es in einem Vergnügungspark aufgestellt ist; eine buddhistische Grabstätte; ein Zen-Garten und sein eigenes Haus. Es liegt in Ayoama, eine Stunde von Tokio entfernt, in einem Wohnviertel, das an den trübsinnigen Vorort einer x-beliebigen amerikanischen Stadt erinnert.

Trotzdem war Imagawa, der Architekt und zugleich Ingenieur ist, in seinen dreißig Berufsjahren an mehr als 1500 Projekten beteiligt und hat dabei mit 260 Architekturbüros zusammengearbeitet. Keine Frage, dass Ricardo Bofill sich an ihn wandte und um Mitwirkung bat, als er nach Japan kam und einen repräsentativen Firmensitz für Shiseido baute. Imagawas eigenes Unternehmen, die Technical Invention Society (TIS & Partners) hat Büros in Tokio, Hiroshima (der Geburtsstadt von Imagawa) und in Manila. Inzwischen sind dort mehr als fünfzig Mitarbeiter angestellt. Imagawa selbst hat kürzlich in Japan ein Buch über Gerüstkonstruktionen veröffentlicht, das seine Vorlesungen an der Universität Tokio zusammenfasst. Sein Gebiet sind nicht die Träume und großen Entwürfe; was andere konzi-

**1947**
in Hiroshima geboren
**1978**
Gründung der TIS & Partners
**1990**
Veröffentlichung von *Timber Companion: Approach to Spaces in Wood*
**1993**
Eröffnung einer TIS-Filiale in Manila
**1994**
Haus Kadota, Fukuoka (mit der amerikanischen Architektin Adèle Naude Santos)
**1999**
Bürogebäude für Shiseido, Tokio (mit Ricardo Bofill)

**Linke Seite**
*Glaskubus und Betonkubus: Das Haus von Norihide Imagawa wirkt auf den ersten Blick wie ein verwirklichtes Architekturkonzept.*

piert haben, übersetzt er in konkrete Materialien. Imagawa ist ein Spezialist für »Strukturdesign«. Ihn interessiert das tragende Gerüst der Gebäude.

Eine Metallbrille mit kleinen Gläsern, silbrige Haare, immer bereit, in ein ansteckendes Lachen auszubrechen: Imagawa vermittelt den Eindruck eines Mannes, der seine eigenen Forschungen voller Leidenschaft betreibt und sich zugleich mit aller Kraft vom Diktat seines Computers zu befreien sucht. Sein eigenes Haus ist ein Abbild dieses doppelten Antriebs: ein Lehrstück dessen, was möglich ist, wenn die Baumaterialien bis an ihre äußerste Grenze belastet werden, und zugleich Ausdruck der freien Phantasie eines Künstlers, der nicht alles einer zwingenden Logik unterwerfen will.

Zur Zweckmäßigkeit des Baus zuerst. Von außen ist es ein Haus, das in Europa unter die Kategorie »funktional und modern« fallen würde. Von der Straße aus ist ein schlichter Glasquader zu sehen, acht Meter hoch und von zwei Betonblöcken flankiert, deren Flachdach jeweils als Terrasse genutzt wird. Alles rechtwinklig und schnurgerade, nur durch Pflanzendekor aufgelockert. Auf den ersten Blick könnte man, wenn man will, diesem Zwitter

**Oben**
*Die Treppe verläuft in der Mitte des Gebäudes. Sie hat eine der berühmtesten Straßen von San Francisco zum Vorbild: die Lombard Street.*

*Ganz oben befindet sich ein Dach unter dem Glasdach. Eine spielerische Inszenierung.*

von Haus vorwerfen, nicht Stellung beziehen zu wollen. Denn Imagawa entscheidet sich nicht – weder für die Transparenz und Leichtigkeit eines Glasbaus, noch für die Schwere und Massivität des Betons. Er wählt nicht zwischen den beiden Stilrichtungen und ihren programmatischen Aussagen, er kombiniert sie fröhlich miteinander.

Was er mit seiner Konstruktion beweisen will, reicht aber noch weiter. »Es ist noch nicht sehr lange her, dass Beton als Baumaterial in Japan eingeführt worden ist. Im Allgemeinen ist er von mittelmäßiger Qualität. Aufgrund seiner Verformungseigenschaften ist er für keine sehr lange Dauer berechnet, und wie bei dem Erdbeben in Kobe 1995 zu sehen war, den natürlichen Verhältnissen in Japan nicht wirklich angepasst. Ich habe viel darüber nachgedacht und bin schließlich auf ein neues technisches Verfahren gestoßen. Ich habe einen neuen Typ dreidimensionaler Eisenverstrebungen entwickelt, für den es nicht nötig ist, ein Baugerüst aufzustellen. Das Ergebnis: ein Stahlbeton von besserer Qualität, für den man auf der Baustelle nur ein Drittel der bisher benötigten Zeit braucht.«

Das eigene Haus wurde ihm so zu einer Art Schaustück, denn dort hat er sein neuartiges Betonskelett ausprobiert und es sozusagen zur Besichtigung freigegeben: Obwohl es eigentlich dazu bestimmt ist, ganz im gegossenen Beton zu verschwinden, hat er es für sein Haus in doppelter Funktion genützt. Nicht nur um die Betonflügel des Gebäudes zu stützen, sondern auch als Trägerkonstruktion für die großen Glasscheiben, die daran aufgehängt wurden. Um ehrlich zu sein, ist für den Laien kein großer Unterschied zu den üblichen Stahlbetonverstrebungen zu bemerken. Doch die Botschaft sollte eine ganz andere sein: Es gelang Imagawa, die Lücke im Übergang zwischen Glasflächen und Betonpfeilern zu schließen. Beide sind durch dieselbe Konstruktion verbunden, stützen einander und ergänzen sich.

Nachdem die Schuhe an der Türschwelle ausgezogen wurden, folgt ihm der Besuch im Innern des Hauses auf Sandalen, und die Lektion wird fortgesetzt. Zunächst ist das Holz an der Reihe. Parkettfußboden, Treppen, einfache Bretter aus Sperrholz, mit denen verschiedene Wände verkleidet sind. Der gleiche Typ, der auf der Baustelle für Betonverschalungen verwendet wird. Und der Beton selbst wird gleichfalls in allen Erscheinungsformen eingesetzt. Gewaschen, gekratzt, vorgefertigt, gerillt, bemalt. Durch ein Fenster ist eine Schnittfläche zu sehen, die rot leuchtet. »Denn auch Beton blutet, wenn er verletzt wird …«, scherzt Imagawa. Die Herausfor-

*Der Tatami-Raum ist der japanischen Teezeremonie vorbehalten – aber es wird in ihm auch gebügelt.*

derung bestand für ihn darin, alle Möglichkeiten vorzuführen, ohne das Haus zum Musterkatalog eines Handelsvertreters zu machen. Mit immer neuen Varianten ist dies Imagawa geglückt.

Einen Augenblick später wird er wieder ernst: »Die große Qualität des Betons ist seine Spannkraft. Er bietet dem Architekten die Möglichkeit, Räume zu entwerfen, deren Größe ganz seinen Wünschen entspricht. Lästige Pfosten oder Zwischenwände fallen weg. Dies hat mir erlaubt, in meinem eigenen Haus die Raumanordnung zu verändern und die Überraschungseffekte zu vervielfachen.« Anders gesagt, sobald die statischen Möglichkeiten abgeklärt sind, kann Imagawa ganz er selbst sein. Dann ist der Raum frei für seine Phantasien.

Im Mitteltrakt des Gebäudes ist nichts als eine Flucht von Treppenläufen zu sehen, die nach oben zu einem Glasdach führen. Unmittelbar in den Him-

*Die Tür in der hinteren Ecke des Schlafzimmers ist niedrig, wie in einem Teepavillon. Nur in gebückter Haltung kann der Mann durch sie hindurch, wenn er seine Frau besuchen will. Ein unerwartetes Zeichen der Demut.*

mel hinein, wie es scheint, denn ihr äußerstes Ende stößt direkt an die Glasscheiben, ein spielerisches, völlig funktionsloses Detail. Dieser zentrale Raum, die japanische Variante eines spanischen Patio, wirkt wie ein Kreuzungspunkt im Innern des Hauses, ganz dem Verkehr, dem Austausch, den Begegnungen gewidmet. Man trifft sich, man spricht miteinander, lehnt sich über das Geländer und beobachtet einander. Tatsächlich hat hierfür eine Straße das Vorbild geliefert. Als Imagawa in den USA studierte, war er von der Lombard Street in San Francisco sehr beeindruckt – jener Straße, die in aller Welt durch Postkartenfotos bekannt ist, weil sie mit zahlreichen Treppen einen Hügel hinaufführt.

Um diese senkrechte Achse im Innern des Hauses, die Hauptstraße, sind die verschiedenen Orte der privaten Stadt angeordnet. Ganz unten, wie über das Geländer gebeugt zu entdecken ist, befindet sich ein Zen-Garten, allerdings in einer sehr ungewöhn-

> »Mein Haus soll die Schönheit feiern, die in den Materialien steckt. Glas, Beton, Holz und Stahl gehören ein und derselben Sprache an.«

lichen Variante. Normalerweise sind diese Gärten aus Sand oder Kieselsteinen rund um verstreute Steinbrocken angelegt, die ein Sinnbild der Weltordnung sind. Besonders berühmt sind die Tempelgärten von Kioto. Imagawa hat dieses Prinzip aufgegriffen, die Steine aber durch Glaskugeln ersetzt und ein paar Blumen eingepflanzt, was die Tradition streng verbietet. Es handelt sich um bunte Plastiktulpen. Außerdem kann eine Leinwand heruntergelassen werden, und im Handumdrehen hat sich der Meditationsort in einen Vorführraum verwandelt.

*Mayumi, die Tochter von Imagawa, hilft ihrem Vater bei der Arbeit.*

*Die Kalligraphien an den Wänden stammen von Imagawas Bruder. Im ganzen Haus verstreut haben Erinnerungsstücke und Geschenke ihren Platz gefunden.*

*Spiel mit traditioneller japanischer Ästhetik: Variation eines Zen-Gartens am Fuß der zentralen Treppe, die zehn Meter hoch ragt.*

Im Erdgeschoss liegt der Wohnraum. Ein niedriger Tisch, ein Ledersofa, an der Wand eine Kalligraphie, ein Geschenk von Imagawas Bruder. Imagawa ist gern unter Leuten, reist häufig, interessiert sich für unterschiedliche Kulturen. Er ist kein kompromissloser Anhänger japanischer Lebensform, sträubt sich keineswegs gegen die Annehmlichkeiten westlichen Komforts und hat in seinen Räumen sogar verschiedene Souvenirstücke und kleine technische Gimmicks von seinen Reisen aufgestellt. Er selbst ist noch in karg eingerichteten Räumen aufgewachsen, wo man zum Essen rund um einen niedrigen Tisch auf Tatamis kniete. Von der japanischen Tradition übernimmt er nur, was zu seiner eigenen Lebensform passt, und interpretiert den Rest, wie es ihm gefällt. So kann er es sich auch wieder erlauben, im obersten Stockwerk tatsächlich einen Tatami-Raum einzurichten, für die Tage, an denen er wirklich Erholung braucht. Den Rest der Zeit nutzt seine Ehefrau den Raum zum Bügeln.

Über dem Wohnraum liegt Imagawas eigenes Zimmer, darüber das der Kinder. Und dann der eigentliche Clou des Gebäudes, ein kleines Haus im Haus. Ein Pultdach, das direkt unter die Glasplatten montiert ist. Eine billige Nachahmung? Keineswegs. Denn beim Bau hat Imagawa zwischen den einzelnen Glasplatten bewusst undichte Stellen gelassen, so dass an Regentagen das Wasser herabläuft und in der Dachrinne ein Plätschern zu hören ist. Der Architekt hat an alles gedacht. Warum? »Weil ich mir gerne Spielereien ausdenke.« Es steht dem Besucher frei, darin eine Anspielung auf das No-Theater zu vermuten, wo die Bühne immer eigens überdacht sein muss, auch wenn sie sich in einem Innenraum befindet. Imagawa lässt sich dazu nichts entlocken.

Als Spezialist von seinen Kollegen anerkannt und hoch geschätzt, will Imagawa mehr und mehr auch selbst Bauwerke schaffen, will von Anfang bis Ende für seine Projekte verantwortlich sein. Er hat inzwischen genug mit anderen zusammengearbeitet und ihnen dabei geholfen, ihre Utopien zu verwirklichen, um genaue eigene Vorstellungen von Architektur entwickelt zu haben. »Aber es ist nicht einfach, bei Wettbewerben oder Gutachten mit Kollegen in Wettstreit zu treten, die sonst meine Auftraggeber sind. Schließlich verdiene ich durch sie mein Geld.« Wenn er dennoch bereit ist, dieses Risiko auf sich zu nehmen, dann wegen seines eigenen Hauses. »Es sind ganz einfache Dinge: einen Lichtschalter an die richtige Stelle zu setzen; mit natürlichem Licht zu arbeiten; Diagonalen zu ziehen, so dass neue

»Es kann vorkommen, dass der Beton blutet, wenn er verletzt wird.«

Raumerfahrungen möglich werden; einen eigenen Rhythmus zu erschaffen; die Räume so zu entwerfen, dass in dem gemeinschaftlichen Wohnort, den ein Haus darstellt, alle einander nahe sind, ohne sich in die Quere zu kommen ...« Mit all den tausend Kleinigkeiten, die ein Alltagsleben mit sich bringt und die berücksichtigt werden müssen, wurde sein eigenes Haus plötzlich für Imagawa zum Inbegriff dessen, was Architektur zu leisten hat.

*Eine einfache Mauer zum benachbarten Grundstück, mehr war Imagawa nicht erlaubt. Einschnitte im Beton durchbrechen die strenge Barriere.*

**Ein Haus wie ein Palimpsest**

# Enric **Miralles** und Benedetta **Tagliabue**

**1955**
in Barcelona geboren
**1985**
Friedhof, Igualada
**1987**
Bürgerzentrum, Balenyà
**1991**
Halle der Bogenschützen für die Olympischen Spiele, Barcelona
**1993**
Bahnhof, Takaoka
**1993**
Sportzentrum, Alicante

Enric Miralles achtet darauf, wenn das Schicksal ihm einen Wink gibt. Dieses Haus war für ihn eine Art versteckter Botschaft, die darauf wartete, entschlüsselt zu werden: Man muss die Dinge lassen, wie sie sind, statt sie beherrschen zu wollen. Es kann immer sein, dass Unvorhergesehenes geschieht – in der Architektur bedeutet dies eine neue Art von Bescheidenheit. Was aber dieser Mann unternimmt, folgt einem eigenen, stimmigen Rhythmus. »Auch vorher ahnte ich es schon«, sagt er, »aber dieses Haus hat mich nochmals deutlich daran erinnert, wie notwendig es ist, Zwiesprache zu halten mit den Orten, an welchen ich baue. Und auf die Bauten zu hören, die ich schon errichtet habe.«

1992 suchte er zusammen mit seiner Frau, der Architektin Benedetta Tagliabue, lediglich ausreichend Wohnraum für die Familie. Das Paar verfügte nur über geringe Geldmittel; das 1985 gegründete Architekturbüro war gerade erst dabei, sich einen internationalen Ruf zu erwerben. Man wollte sich vergrößern, und ein altes Gebäude kam eher gelegen. Schon damals bevorzugte das Paar, was gebraucht war und voller Leben steckte.

Benedetta macht sich auf die Suche. Als Italienerin kümmert sie sich wenig um die Konventionen der Katalanen. Sie durchstreift Viertel, die ihr Mann, der aus Barcelona stammt, nicht unbedingt betreten hätte. Die Altstadt wird gern »historisch« genannt, um nicht zugeben zu müssen, dass sie schlichtweg heruntergekommen ist. Die Hausmauern riechen nach Schimmel, und die Sonne dringt nur ein paar Stunden am Tag bis in die Gassen vor. In Barcelona werden zwar die Olympischen Spiele abgehalten, eine kulturelle Erneuerung hat in der Stadt jedoch noch nicht stattgefunden.

Benedetta Tagliabue lebte in Venedig. Sie lässt sich durch Wäsche, die vor den Fenstern zum Trocknen hängt, und durch die Straßenjungen

*Das Arbeitszimmer des Architekten, ein wichtiger Ort in seinem Haus. Arbeit und Privatleben sind bei Miralles nicht streng getrennt.*

*Der Patio des alten Stadthauses.*

nicht abschrecken. Sie treibt ein verlassenes, halb verfallenes Palais auf. Die Fassade ist unauffällig, aber hinter dem Torbogen liegt ein Innenhof mit einem kleinen Garten. Das Ambiente, wenn auch in bescheidenerem Maßstab, erinnert an die prächtigen mittelalterlichen Stadthäuser in der Carrer de Montcada, in der auch das Picasso-Museum untergebracht ist. Die Architektin ist begeistert.

Über den Kaufpreis wird man sich schnell einig. »Heute könnte ich darauf hinweisen«, lautet Miralles' ironischer Kommentar, »dass ich zuvor schon mit meinem Büro in die Altstadt gezogen war. Und meine Entscheidung, hier auch zu wohnen, zu einer programmatischen Geste machen, mit der ich gegen die große Säuberung der Stadt protestieren wollte. Um zu zeigen, dass man hier in diesem Viertel, mit seinem Bevölkerungsgemisch, leben konnte, ohne alles kaputt zu sanieren. Aber im Nachhinein fällt es immer leicht, alle möglichen Gründe für eine Entscheidung anzuführen. Was wir wollten, war ein Ort, an dem wir wohnen konnten und der unseren Bedürfnissen wie auch unserem Geldbeutel entsprach.«

Es beginnen die Renovierungsarbeiten. Tapeten müssen heruntergerissen werden, Türen sind abzubeizen, Böden auszubessern; eine neue Aufteilung der Zimmer muss gefunden werden, die aus den Räumen weder ein Loft noch eine traditionelle Wohnung macht. Und plötzlich die große Überraschung: Unter einem Tapetenstück taucht ein Fresko auf. Die Maler sind außer sich vor Freude. »Sie haben an einer Stelle gekratzt, dann an einer anderen und wollten gar nicht mehr aufhören«, erinnert sich Miralles. Es stellt sich heraus, dass die ganzen Wände des Hauses bemalt sind. Häufig liegen mehrere Schichten übereinander. Wo sie abblättern und sich vermischen, werden die Chronologien durcheinander gebracht. Manche Motive stammen aus dem späten 18. Jahrhundert, andere sind sogar noch älter. Das Palimpsest muss nur aufmerksam genug entziffert werden.

An einer anderen Stelle löst sich der Putz ganz ab. Der Maurer hilft noch etwas nach, und dieses Mal kommen Gewölberippen zum Vorschein: Gotik aus der großen Zeit Barcelonas, als die Stadt im Mittelmeerraum eine bedeutende Stellung innehatte. Möglicherweise handelt es sich um Überreste eines Kreuzgangs. Über Jahrhunderte hinweg haben Generationen ihre Spuren auf den Mauern hinterlassen, Ausdruck eines langen Lebensfadens, der nie abgerissen ist. Ein Schatz, der unter ökonomischen Gesichtspunkten wenig wert ist, aber die Phantasie anregt. »Erst hier habe ich begriffen, dass

*Vom Schlafzimmer aus öffnen sich die Türen zu einem kleinen, ummauerten Garten. Eine grüne Oase in den mittelalterlichen Gassen der Altstadt von Barcelona.*

man niemals mit genauen Vorstellungen an einen Ort kommen darf. Dass Architektur immer ein Dialog sein muss.« Ein Dialog, der nur einem einzigen Moment Dauer verleihen kann. »Aber jeder Augenblick, jede Epoche entfaltet ihre eigene Schönheit.«

Enric Miralles hat sich vorgenommen, diesen Dialog weiterzuführen, ihn zu nähren und eine Bühne für ihn zu schaffen. »Ich wollte, dass mein Haus ein vielgestaltiges Zwitterwesen wird. Eine Art Büchse der Pandora, in der nicht nur unser Leben, sondern auch dutzende andere aufbewahrt sind, in einem Raum außerhalb der Zeit.« In seinem neuen Büro, das auch in einem alten Palais und nur wenige Schritte entfernt liegt, ist er ganz ähnlich verfahren. »Mein Büro«, so erklärt er, »ist für mich wie ein Zuhause. Es ist der Zwillingsort des Gebäudes, in dem ich wohne. In ihm habe ich auf die Arbeit übertragen, was ich bei mir zu Hause lebe. Und umgekehrt.« Dieser neue Umgang mit der Historie ist seither für ihn eine Art Leitmotiv geworden, und es ist sicherlich kein Zufall, dass Barcelona, das ihm lange Zeit die kalte Schulter gezeigt hatte (sein größtes Projekt war dort bis jetzt die Halle für die Bogenschützen auf dem Olympiahügel), ihn unlängst

*Beim Gang durch die Räume rund um den zentralen Patio spielen die Flure eine wichtige Rolle: als Durchgangsorte und Wohnräume zugleich. Über der Tür eine mittelalterliche Sopraporte.*

# BARCELONA

»Es ist für den Architekten wichtig, mit den Orten, an denen er baut, Zwiesprache zu halten.«

**Rechts**
*Bei der Renovierung tauchten an den Wänden gut erhaltene Wandmalereien auf. Miralles nutzte sie für seine eigenen Pläne.*

**Folgende Doppelseite**
*Die Metallregale sind so entworfen, dass die Bibliothek zu einem Spaziergang einlädt. Die Stätte des Wissens verliert ihre Strenge.*

mit der Renovierung und Umgestaltung einer alten Markthalle beauftragt hat. Der verlorene Sohn, einst aufgebrochen, um anderswo Karriere zu machen (»Es braucht einige Zeit, bis man im eigenen Land zum Propheten wird.«), kehrt nach Hause zurück. Es ist eine elegante Rückkehr, und der Architekt ist zum Maßschneider alter Bauten geworden.

Man würde Miralles eher an der Seite der Vertreter der Moderne, eines Jean Nouvel oder Renzo Piano, vermuten, die eine völlige Freiheit der Formen und die Loslösung von alten Vorbildern fordern; doch er sieht sich mit den Spuren der Vergangenheit konfrontiert. Er geht damit auf seine Weise um: Weder versucht er, sie zu kopieren, noch baut er ihr ehrfurchtsvolle Vitrinen. Sein Verfahren ist poetisch. Er arbeitet mit Brüchen und Gegensätzen, im günstigsten Fall mit Metaphern. Eines seiner Hauptwerke, der Friedhof von Igualada in Katalonien, an dem er über zehn Jahre gebaut hat (von 1985 bis 1996), bezieht seine ganze Wirkung aus der Collage. Historische Bezüge und persönliche Erinnerungen sind untrennbar miteinander verknüpft. So ist zum Beispiel die nostalgische Atmosphäre des Seemannsfriedhofs von Barcelona wieder zu finden, der häufig von dem Architekten besucht worden ist. »Ein Friedhof«, schreibt Miralles, »darf nicht mit einem Grab verwechselt werden. Er ist vielmehr ein Ort, der eine Verbindung zwischen einer Landschaft und dem Vergessen herstellt. (...) In den Spalten der Gräber haben wir unsere Erinnerungen niedergelegt.« Ähnliches mag auch für das alte Palais gelten, das durch ihn zu neuem Leben erweckt worden ist.

Er gehört zu jenen, die daran glauben, dass Gebäude geboren werden, groß werden, altern und schließlich auch sterben. Er will darum keine Restaurierungsarbeit leisten, sondern die ganze eigene Welt des Hauses erhalten: mit all ihren verwitternden Ecken, dem Staub zwischen den Steinen, den gemalten Motiven, denen die Zeit so manche Wunde geschlagen hat. An einer Stelle sind Freskenfragmente zu sehen. Nichts anderes wird von einem Architekten verlangt, als eigene Spuren zu hinterlassen, sich selbst mit all dem zu vermischen, was schon gegeben ist. Nur eine weitere Schicht wird von einem Mann hinzugefügt, der in der Gegenwart neu verlegt worden, mit einer absichtlich zufälligen Geste. Um sie herum ist neues Parkett verlegt, das keinesfalls Alterungsspuren zeigen darf. In einigen Räumen sind katalanische Azulejos erhalten geblieben. Der Kontrast zum Aluminium und dem rostfreien Stahl könnte kaum größer sein. Und um die Kategorien endgültig durcheinander zu bringen, wurden an strahlend weiße Wände Gemälde gehängt, die das Ehepaar im Garten gefunden hatte. Deren Leinwand ist vom Regen ausgewaschen, dunkel und rissig geworden. Von der Ferne glaubt man, die abstrakte Malerei eines Antoni Tàpies vor sich zu haben, erst aus der Nähe sind verblasste, entrückte

*Blick in das Schlafzimmer. Eine halbhohe Wand, einem Paravent gleich, verbirgt das Badezimmer.*

lebt und dies nicht verleugnet, der daraus aber kein Gefühl von Überlegenheit bezieht.

Eine leicht gebogene Wand fällt auf. Sie ist weiß, glatt, makellos, und je perfekter, desto besser für die Wirkung, die sie durch den Gegensatz erzielt. Oder dort, bewusst ohne Schablone aufgetragen, ein weißes Farbband. Das Alte wird gerahmt, gefasst und dadurch verändert. Und Regale aus Metall. Elektrische Leitungen, die offen an den Wänden entlanglaufen und an den Decken zu Lüstern führen. All dies ist weit davon entfernt, ein Museum zu sein, sondern wirkt wie ein lebendiges Wohnhaus.

Die originalen Bodenfliesen sind an einigen Stellen zerbrochen, haben ihren Glanz verloren. Doch der erste Eindruck trügt: Sie sind aussortiert und idealisierte Landschaften erkennbar. Sie gleichen darin dem Haus und seiner Vergangenheit.

Das neue Leben hat von dem Gebäude auf eigene Weise Besitz ergriffen. Die Raumaufteilung folgt einem alten, streng geometrischen Muster, das die Zimmer rund um einen zentralen Patio gruppiert. Zugleich aber spielt Miralles mit dieser Tradition. Ihm liegen die Kurven, die Zickzacklinien, die Schrägen, die Wege und Umwege, für die es keine ausreichende Begründung gibt. Einmal mehr musste er seine eigenen Strukturen einer anderen, schon bestehenden Logik unterordnen. Oder anders ausgedrückt: in einen Dialog, ein Gespräch eintreten.

Er reißt Wände ein, als ginge es darum, von allen Seiten eine Festung einzunehmen. Ein Mauerdurch-

*Fliesenboden und Parkett: Die alten Kacheln auf dem Fußboden wurden abgeklopft, gereinigt und in scheinbar zufälliger Ordnung neu verlegt.*

*Freie Bahn für das Kind ...*

bruch hier, der später verglast wird, ein Fenster dort, das keinen weiteren Zweck erfüllt, jedoch dem Blick erlaubt, schon in das nächste Zimmer zu schweifen. Ein Labyrinth, in das man aufbricht, um schließlich immer wieder an den Ausgangspunkt zurückzukommen. In dem jedes Zimmer zugleich ein Flur ist. In dem Trennwände eingezogen wurden, um das Spiel der Räume zu verdeutlichen und das Gefüge zugleich komplexer werden zu lassen. In dem die Türen nicht dazu da sind, um Grenzen zu ziehen, sondern um den Blick für immer neue Überraschungen zu öffnen ... Im Hauptraum ist die Decke herausgenommen worden, so dass er die doppelte Höhe erreicht; die alten Balken aber sind geblieben, weiß gefasste Querverstrebungen, die den Raum rhythmisch strukturieren, ohne in ihn einzugreifen.

Ein Spiel ohne erkennbare Logik? Der Architekt streitet dies nicht ab. Die Laubengänge aus Holz, die er auf den Ramblas von Réus in Katalonien errichtet hat – ephemere Jahrmarktsbuden ohne Funktion. Wie aus einem Traum sind seine Konstruktionen, mit denen er die Avenida Icaria in Barcelona rhythmisch gegliedert hat, eine der neuen Straßen im Poble Nou, einem alten Industrieviertel, das für die Olympischen Spiele völlig umgestaltet wurde. Angeblich sollen diese Pavillons auch als Markthallen oder für besondere Veranstaltungen dienen. Eine funktionslose, willkürliche Geste schließlich die Bodenwellen aus Metall vor dem Bahnhof von Takaoka in Japan; auch wenn Miralles sie als Antwort auf die wild wuchernde großstädtische Umgebung versteht. Alles jedoch Gesten von innerer Notwendigkeit. Denn sie gehorchen dem Ausdruckswillen des Künstlers. Und spiegeln seine ansehnliche Statur ebenso wider wie sein Temperament.

In seinen Wohnräumen ist er offen für das, was kommt, und die Dinge finden ihren Platz, ohne dass er sich selbst irgendwelche Verbote auferlegt. Der Sinn wird sich später noch ergeben. Ein Zimmer ist zuallererst ein Ort, an dem Ideen realisiert werden. Eine Ansammlung von Erinnerungen. Ein Durcheinander von Möbeln, die der Architekt selbst entworfen hat. Ein riesengroßer Tisch und ein verglaster Geschirrschrank, beide von großem Raffinement. Eine Bibliothek, aber auch eine Vinothek. Spielzeug, Hochzeitsfotos und in der Küche ein Abfalleimer wie in jedem gewöhnlichen Haushalt. Die Kunst besteht jedoch darin, ein Gleichgewicht zu finden, ohne je in Erstarrung zu verfallen.

*Kamine, die nutzlos geworden sind, breit gestreifte Fensterrahmen. Ein humorvoller Dialog mit vorhandenen Architekturelementen.*

»Ordnung«, so Miralles, »ist ein Kompromiss, ein Zustand, der mit dem Leben, das von sich aus Unordnung schafft, immer wieder neu verhandelt wird. Manchmal tritt ein Wunder ein, und aus der Unordnung erwächst Schönheit. Vielleicht weil in ihr eine innere Notwendigkeit liegt. Ich habe manchmal den Eindruck, dass die Dinge auf meinem Schreibtisch, wenn ich sie abends nach der Arbeit zurücklasse, wie eine Maschine sind. Sie treiben meine Projekte voran, während ich schlafe. Auch auf sie muss ich hören ...«

NEUILLY-SUR-SEINE

In der Schräge leben

# Claude Parent

*Der Avantgarde und der Tradition Frankreichs verpflichtet ...*

**Linke Seite**
*In der Küche hat alles seine perfekte Ordnung. Den Tisch entwarf Parent selbst.*

Er gehört zu jenen, die gerne betonen, dass Architektur ihre Anforderungen stellt. Und dass es ein Zeichen der Stärke, nicht der Schwäche ist, sich ihnen anzupassen. Anfang der 50er Jahre hat sich Claude Parent in Neuilly niedergelassen, hat der Sackgasse einer Villengegend, seinen eigenen Stempel aufgedrückt. Seither hat er dort seinen Wohnsitz und ist seiner Geburtsstadt treu geblieben, ohne dies jemals ausdrücklich veranlasst zu haben.

Ringsum entfaltet die Rue de Longchamp ihren gepflegten bürgerlichen Charme, findet sich die geschwungene Ornamentik der Belle Époque, aufgelockert durch Parks und Gärten. Sogar Le Corbusier, der ganz in der Nähe eine kleine Wohnanlage gebaut hat, scheint hier Samthandschuhe angezogen zu haben. Nichts von der souveränen Gleichgültigkeit, die seine programmatischen Bauten sonst ihrer Umgebung gegenüber zur Schau tragen, stattdessen Anspielungen auf traditionelle Bauformen. Arkaden und in Ocker verputzte Fassaden.

Mit seinem Würfelmuster aus Beton, das durch die großflächig aufgetragenen Primärfarben noch unterstützt wird, kann sich das Haus von Parent noch so sehr in den Schatten einer der herrschaftlichen Villen stellen und die Flucht der Bauten respektieren: Es ist anders als all die anderen Häuser ringsum. Dies war auch gar nicht anders zu erwarten, handelt es sich doch bei seinem Erbauer um das Enfant terrible der französischen Nachkriegsmoderne – zugleich traditionsbewusster Franzose und ewiger Avantgardist. Architekt, Poet, Zeichner und Träumer, ein polemischer Schöpfer, den Jean Nouvel heute noch als seinen geistigen Vater bezeichnet.

Seit vierzig Jahren ist Claude Parent als Architekt tätig, und in diesem Zeitraum hat er eine große Anzahl von Einfamilienhäusern entworfen. An ihnen lässt sich unmittelbar ablesen, welche Ideen ihn jeweils beschäftigt haben. »Sie arbeiten für einen privaten Auftraggeber, der Sie eigens ausgesucht hat. Sie können viel leichter mit ihm disku-

**1923**
in Neuilly-sur-Seine geboren
**1953**
Erstes Büro mit Ionel Schein. Haus Gosselin, Ville-d'Avray
**1962**
Haus des Iran in der Cité Universitaire, Paris (mit André Bloc)
**1963**
Villa Drusch und Villa Bordeaux-Le Pecq
**1964**
Kirche Sainte-Bernadette-de-Banlay, Nevers (mit Paul Virilio)
**1974**
Leitung des architektonischen Planungsstabs, Atomkraftwerke der Électricité de France

»Für andere habe ich Häuser mit einem ganz bestimmten Konzept entworfen, bei mir selbst ist alles zusammengebastelt.«

tieren und ihn schließlich überzeugen. Ein Einfamilienhaus ist für einen Architekten eine Art Laboratorium, ein Freiraum.« So erstaunt es nicht, dass auch eines seiner Meisterwerke darunter zu finden ist – der ungewöhnliche Wohnsitz in der Nähe von Versailles, den er für Gaston Drusch, einen Pariser Industriellen, entworfen hat. Es handelt sich um einen großen, umgestürzten Kubus aus Beton und Glas, der auf einer seiner Kanten balanciert. Ein Bild, das für einen Augenblick stillsteht. Ein Sieg der Stabilität über die Bewegung. Ein Konzept, dessen Modernität auch heute noch anerkannt ist.

Bei seinem eigenen Haus verhielt es sich jedoch ganz anders. Kein Gesamtplan und kein theoretisches Konzept, das in die Tat umgesetzt werden sollte. Das Gebäude, wie es heute dasteht, ist erst nach und nach entstanden. Es gab verschiedene, auch zögernde Versuche und Kompromisse. Die wechselnden Bedürfnisse der Kinder mussten berücksichtigt werden, auch die Wünsche von Naad, die ihn seit vierzig Jahren durchs Leben begleitet. Und dann gab es immer wieder Momente des Zweifels, in denen er die Konstruktion abgebrochen und wieder neu zusammengefügt hat. »Insgesamt betrachtet«, so Parent, »war dieses Haus von meinen allgemeinen Überlegungen nie sehr weit entfernt, aber man kann hier nur ein gedämpftes und bruchstückhaftes Echo vernehmen.«

»Ich habe einfach gebastelt«, bekräftigt er noch einmal, wie unbeteiligt und ganz gegen seine Gewohnheit bescheiden wirkend. Claude Parent, der gern im Rolls-Royce herumfuhr, versichert, für seine eigene gebaute Utopie niemals genug Mittel be-

*Der Wohnraum steigt nach hinten schräg an – ein anschauliches Beispiel von Claude Parents Theorie der schiefen Ebenen, die ihm lange Zeit wichtig war.*

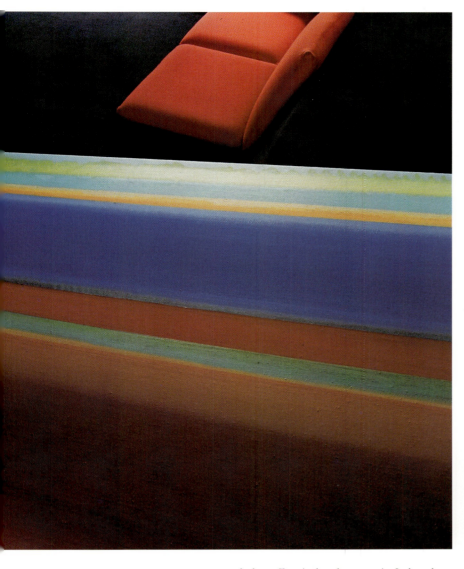

*Innen wie außen die gleiche Architektursprache: eine elementare Grammatik der Farben und Formen. André Bloc hat die Quadrate in der Mitte der Fassade aufgemalt.*

beitet (dessen schärfster Kritiker er kurze Zeit später durch einen berühmt-berüchtigten Artikel in *Architecture d'Aujourd'hui* wird) und war außerdem zusammen mit einem Freund, Ionel Schein, Gewinner eines Wettbewerbs, den *Maison Française* unter den Lesern ausgeschrieben hatte: Diese sollten unter den Entwürfen ihr Traumhaus aussuchen. Wenn auch inzwischen überarbeitet, so ist doch erkennbar, dass Parents eigenes Haus mit dem Enthusiasmus eines jungen Architekten gebaut worden ist.

Es finden sich alle Merkmale wieder, die auch für seine späteren Arbeiten charakteristisch sind, angefangen mit der entschiedenen Absage an den Klassizismus und Regeln der traditionellen Ästhetik. »Die Moderne«, so erläutert er, »hatte strenge Regeln. Flaches Dach, kein Keller, kein Eingangsraum, weil dies nur verlorener Platz war, möglichst wenig Türen – nur Schiebetüren –, nicht die üblichen Maueröffnungen, die Fenster genannt werden. Die Decken mussten niedrig sein und der Grundriss offen, um zwischen den Räumen eine Kommunikation herzustellen. Um diese voneinander abzugrenzen, waren lediglich gegeneinander verschobene Durchgänge erlaubt.« Erwünscht hingegen waren Einflüsse der schmucklosen japanischen Ästhetik oder des Neoplastizismus der Künstlergruppe De Stijl. Parent wird nie müde, auf seine Vorbilder Gerrit Rietveld und Theo van Doesburg hinzuweisen. Für ihn und die anderen Erben Piet Mondrians geht es darum, die Welt durch Abstraktion zu vereinfachen, Details wegzulassen und sich auf das Wesentliche zu konzentrieren. Ziel ist eine elementare Grammatik, welche die Welt des Sichtbaren übersteigt. Parent nimmt die Herausforderung mit großem Engagement an.

Bei den Umbauten werden die anfänglichen Grundsätze nie ernstlich in Frage gestellt. Eher noch deutlicher herausgestellt. Die Fassade, die im

sessen zu haben. Zumindest hat er sein Leben lang andere Prioritäten gesetzt. Sich selbst einen Tempel zu errichten war ihm nie besonders wichtig.

Am Anfang gab es nur fünf Garagenplätze und darüber ein paar Räume. Dies war der Ausgangspunkt für die allererste Wohnung, die sich zunächst, vor den weiteren Umbauten, zu einer großen Terrasse hin öffnete. »Ich war mir sicher, dass ich eines Tages den Wohnraum in der Längsachse erweitern würde. Dass die Terrasse überdacht sein würde. Darum hatte ich die Fassade schon in ihrer ganzen Länge entworfen. Damals aber reichte das Dach noch nicht so weit, die Rouleaus und die Fenster öffneten sich ins Nichts. Es stand nur die Mauer.«

Als er mit den Bauarbeiten beginnt, ist Claude Parent, der lange Zeit vorhatte, Ingenieur zu werden und Autos zu entwerfen, noch ein ganz junger Architekt. Er ist eher zufällig zu seinem Beruf gekommen, hat einige Monate bei Le Corbusier gear-

**Oben**
*Kaum Möbel, streng komponierte Farben, eine Vorliebe für japanische Ästhetik. Das Gemälde stammt von Aki Kuroda.*

Verlauf der räumlichen Erweiterungen ihre endgültige Gestalt angenommen hat, ist dadurch der Leinwand eines neoplastizistischen Künstlers nur umso ähnlicher geworden. Die Quadrate und Rechtecke, die harten Kanten, werden seit ein paar Jahren noch durch ein geometrisches Muster aus Primärfarben unterstützt, durch das zugleich die Struktur des Gebäudes außen ablesbar wird. Die entmaterialisierte Hauptwand ist auf eine Glasfläche reduziert worden. Die Richtlinien der berühmten »Charta von Athen«, des architekturtheoretischen Manifests der Moderne von Le Corbusier und seinen Schülern, sind von Claude Parent zwar abgewandelt, aber doch berücksichtigt worden.

Jalousien dämpfen das Tageslicht. Hinzu kommen die niedrigen Decken und die Verwendung dunkler Farben. »Der Fußboden war von Anfang an dunkel. Ich mag es, wenn ein Raum wie auf einem massiven Sockel ruht.« Heute ist das Konzept radikaler geworden: Alles ist in Schwarz und Rot gehalten. Sogar die Teller auf dem Tisch befolgen diese Farbdoppelung, halb schwarz wie Kohle, halb rot wie Blut. Gut möglich, dass der Architekt die Auszeichnung als Ritter der Ehrenlegion nur deshalb entgegengenommen hat, weil er sich gerne den roten Orden an seinen allzeit schwarzen Anzug heften wollte. Er fühlt sich wohl so, und Naad gefallen die Farben ebenfalls.

Die Funktionen der Zimmer haben immer wieder gewechselt. Hier und da sind noch ein Toilettenraum oder Reste einer früheren Kücheneinrichtung geblieben, Bruchstücke eines auseinander

**Rechte Seite**
*Die Bücherwand hinter dem Bett zitiert ein weiteres Mal Parents Vorliebe für diagonale Linien und schräge Flächen.*

**Vorhergehende Doppelseite**
*Keine Flure und offene Durchgänge zwischen den Räumen: ein Grundriss ganz nach den architektonischen Prinzipien der Moderne.*

**Rechts**
*Nur Rot und Schwarz sind zugelassen; eine Farbwahl, die das Licht dämpft und zugleich dessen Reflexe steigert.*

gerissenen Puzzles. »Unser Schlafzimmer hat viermal den Platz gewechselt. Das ist einer der Vorteile eines offenen Grundrisses. Man kann über ihn bestimmen und ihn abwandeln, wie es der Lebenssituation gerade entspricht.« Obwohl weder Parent noch seine Frau leidenschaftliche Köche sind, hat das Paar eine große Küche. Seit die Kinder aus dem Haus sind, ist sie zum Ort der sonntäglichen Familientreffen geworden.

In den anderen Räumen gibt es wenige oder gar keine Möbel. Anfangs waren dort Designerstücke der 50er und 60er Jahre aufgestellt, Sessel von Charlotte Perriand und Tische von Jean Prouvé, doch sie sind alle verschwunden. Wohin? Claude Parent weiß darauf keine Antwort, es kümmert ihn nicht. Er gehört zu jenen Architekten, die ihre Räume vom alltäglichen Durcheinander frei halten wollen. Die begehbaren Schränke sind in den Grundriss integriert und bleiben unsichtbar. Nichts entgeht dem täglichen prüfenden Blick. Ganz offensichtlich will der Mann in jedem Moment die Kontrolle über seine Inszenierung behalten. »Lange Zeit«, so erzählt er, »wollte ich überhaupt nichts herzeigen, nicht einmal meine Bücher. Sie waren in einer Garage nebenan untergebracht. Eine Bibliothek war mir zu indiskret. Sie legt unser Innerstes bloß.« Seither hat er sich zu einigen Zugeständnissen überreden lassen, er hat ein paar Bücher aufgestellt und sogar, was wie ein Sakrileg wirkt, einzelne Gegenstände – wie die Lampe aus der Zeit der Wiener Sezession, die Josef Hoffmann zugeschrieben wird.

Nur wenige Kunstwerke hat er immer schon in seinem Alltag zugelassen. Es treibt ihn jedoch nicht das Interesse eines Sammlers: Parent verschenkt eher, verliert oder vergisst. Er hat die Werke deswegen um sich, weil er mit vielen Künstlern befreundet war, mit Yves Klein, Jean Tinguely und vor allem mit dem Bildhauer André Bloc, der die Zeitschrift *Architecture d'Aujourd'hui* begründet hat.

Mehr als nur ein Freund, war er zugleich der Weggefährte der Künstler, vom selben Rhythmus der Gegenwart durchdrungen, für dieselben Strömungen offen, immer bemüht, die Architektur zur Raumkunst werden zu lassen und nicht auf ihren bloßen Nutzwert zu reduzieren. Dies ist überall zu spüren. Hier eine Leinwand von Michel Carrade, einem alten Freund aus Toulouse: »Diese Farbflecken verleihen meinem Raum ein eigenes Licht.« Dort eine Bronzeskulptur, achtlos hinter den Fernseher gestellt. Ein Ipoustéguy. Rund, glatt und zugleich eine aufgesprengte Form. Sie erinnert an eines der Hauptwerke von Parent, die Kirche Sainte-Bernadette-de-Banlay in Nevers. Dies scheint aber bloßer Zufall zu sein.

Einige Farbquadrate auf der Fassade hat André Bloc selbst aufgetragen. »Es sind diejenigen, welche dem Gebäude eine klare Struktur verleihen.« Lange Zeit stand vor dem Haus auch eine seiner Skulpturen, über die sich die ganze Nachbarschaft erregte, weil sie ein vage phallisches Aussehen hatte. »Wir hatten sie auf Kieselsteine vom Strand in Le Havre gestellt, die ich jedes Wochenende im Kofferraum meines Triumphs mitgebracht hatte.« Die Skulptur ist mittlerweile verschwunden, aber die Betonpfosten rund um einen kleinen zementierten Hof sind geblieben – eines Architekten würdig, der zum damaligen Zeitpunkt von den düsteren, archaisch wirkenden Formen der Atlantikbunker fasziniert war.

Am hinteren Ende des Wohnzimmers steigt der schwarze Teppichboden zu einer Art Böschung an. Sie ist ein Demonstrationsstück der großen Architekturidee, die Parent während seiner Zusammenarbeit mit dem Philosophen Paul Virilio entwickelt hat. Die Bedeutung der schiefen Ebene. Eine ausgearbeitete Theorie, von der eine Revolution in der Architektur ihren Ausgang nehmen sollte und durch die Stadt und Mensch, Wohnraum und Verkehr wieder versöhnt werden sollten. Parent hat sich eine Zeit lang ganz auf dieses Spiel eingelassen. Sein eigenes Haus wurde zu einem einzigen schrägen Salon. Es wurde auf dem Boden gegessen, man ließ sich auf schiefen Flächen nieder. »Meine Gäste damals erinnern sich noch heute daran. Der große Städteplaner Delouvrier war mit seiner Frau, einer eher stattlichen Person, zu uns gekommen. Das ganze Essen über hatte sie die größten Mühen, auf einem der Buckel in der Schräge ihr Gleichgewicht zu halten …«

*Claude Parent bei der Arbeit. Architektur entwickelt sich aus dem Entwurf.*

Heute ist er wieder vernünftiger. Nur noch wenige Details sind aus jenen Jahren erhalten geblieben, wie die ansteigenden Flächen im Wohnraum oder die kleine Bibliothek hinter seinem Bett, wo die schräg gestellten Bücher in einer Diagonale verlaufen. Doch Claude Parent träumt davon, sein Haus aufzustocken und ganz oben ein Zimmer für sich allein zu entwerfen. Mit schiefen Ebenen, was sonst.

*Das eigene Haus, ein Zufluchtsort für Träumereien.*

### Ein Haus des Glücks

# Gustav Peichl

**Linke Seite**
*»Das ist das Ferienhaus des verwirrten Technikers!« – Gustav Peichl ist nicht nur Architekt, sondern auch Karikaturist. Er unterzeichnet mit dem Pseudonym Ironimus.*

Der Zufall hat die Dinge wohl gefügt. Die Straße, in der Gustav Peichl wohnt, heißt Himmelstraße. In Serpentinen windet sie sich empor. Links führt eine steile Treppe eine Wiesenböschung hinauf. Ganz oben das ersehnte Ziel, die Pforte zum Haus. »Ab jetzt haben Sie die Welt der Passanten und Autos und den Lärm der Stadt hinter sich gelassen«, verspricht der Hausherr lächelnd. »Treten Sie ein in eine Welt des Glücks. Eine Welt, in der die Sonne allein für uns scheint.« Hinter den dicken Gläsern seiner runden Hornbrille blitzt es ironisch auf, als er mit dieser Begrüßung ins Haus bittet.

Der Aufstieg ist damit noch nicht an sein Ende gekommen. Hinter der Schwelle gilt es noch eine Anzahl weiterer Treppen zu erklimmen, die schließlich geradewegs in den Wohnraum führen. Dort erwartet uns strahlendes Licht. Eine Regalzeile zeichnet sich im Gegenlicht ab und filtert den Lichteinfall, die großen Fenster stehen offen, von draußen strahlt die helle Frühlingssonne herein. Der Weg führt hinaus auf die Terrasse und in den Garten, der sich dahinter erstreckt. Ein Rasen, vielleicht hundert Meter lang, nicht weit entfernt ein Kirchturm. Und dahinter? Nichts. Weinberge, die den Horizont leicht schraffieren, weit unten liegt Wien und verschwimmt im blauen Dunst. Eine hundertjährige Zeder. Darunter eine Bank, um an Sommertagen im Schatten Wein zu trinken. Nichts weiter.

**1928**
in Wien geboren
**1969**
ORF-Landesstudio Salzburg, Salzburg
**1980**
Phosphat-Eliminationsanlage, Berlin
**1981**
ORF-Landesstudio Burgenland, Eisenstadt
**1986**
Bundeskunsthalle, Bonn
**1990**
Erweiterung des Städelschen Kunstinstituts, Frankfurt am Main

Mit seinen glatten weißen Flächen, seinen klaren, reinen Formen, seinen Fensterbändern und dem Raumkörper aus aneinander gefügten Quadern reiht sich das Haus von Gustav Peichl in die Tradition der Wiener Avantgarde zu Anfang des Jahrhunderts ein. Diese hatte die Ökonomie der Mittel zum Prinzip erkoren – gegen den damals herrschenden Akademismus und gegen die Auswüchse des

*Mit der Straßenbahn zu erreichen und doch schon auf dem Land: Peichls Grundstück liegt inmitten von Weinbergen im Wiener Stadtteil Grinzing.*

Jugendstils. Abkehr von Ornament und Pracht, Verteidigung der einfachen Form. Adolf Loos baute damals sein Haus am Michaelerplatz, direkt hinter der Hofburg, dessen Schmucklosigkeit ganz Wien und auch den Kaiser Franz Joseph empörte. Peichl stimmt der Ahnherrschaft vorbehaltlos zu; er beruft sich gerne »auf die Moderne, aber auf jene Moderne, die inzwischen klassisch genannt wird.«

Aber dann gibt es Unterschiede: Auf der Terrasse steht ein altes Karussellpferd aus Holz, das vom Wiener Prater stammt. Hermann, so heißt das Pferd, hat einen altmodischen, leicht angestaubten Charme und dürfte, streng modernistisch gedacht, hier keinen Platz finden. Und an den scharfen Hauskanten entlang hat der Architekt Wein wachsen lassen,

## »Jetzt können Sie den Lärm der Stadt hinter sich lassen. Treten Sie ein in eine Welt des Glücks.«

*Der Garten erstreckt sich über die ganze Länge einer ehemaligen Weinbergparzelle. Hermann, das alte Karussellpferd, hat eine Karriere im Wiener Prater hinter sich.*

**Oben**
*Auf einem Konsolenschrank, von dem Architekten Peichl entworfen, liegt ein Band des Karikaturisten Ironimus …*

**Links**
*Der bunte Fleckerlteppich, der die Länge des Flurs betont, ist ein österreichisches Fabrikat.*

ring. Hier in Grinzing beginnt die Sommerfrische, verblüffend nahe an der Stadt und noch mit der Straßenbahn zu erreichen. Ausflugslokale liegen in der Nähe; in Gartenlauben wird Heuriger getrunken. Beethoven hat hier gewohnt. Die Häuser wirken einladend und stattlich.

Sein Haus sollte nicht das Demonstrationsobjekt eines Architekten werden, der sich damit gleichsam in Pose wirft, um auf Fotos verewigt zu werden. Zumindest nicht auf den ersten Blick. »Sie werden bald bemerken«, so entschuldigt er sich mit unschuldiger Miene, »dass es bei mir nichts zu zeigen gibt und nichts, worüber geschrieben werden kann. Hier lebe ich, das ist alles. Was ich wollte, war ein Raum, in dem ich mich mit meiner Familie wohl fühle.« Drei Kinder, die inzwischen erwachsen sind, und seine Frau, mit der er seit über vierzig Jahren verheiratet ist. »Sie ist aus meiner Arbeit nicht wegzudenken, gerade weil sie überhaupt nichts mit Architektur zu tun hat, aus einer Winzerfamilie stammt und sich leidenschaftlich mit Wein befasst.«

Die Ehefrau, von der jetzt die Rede ist, ergreift auch gerne selbst das Wort – wenn nicht mit professioneller Kenntnis, so doch als Hausherrin – und erzählt, was sie vom Werk ihres Mannes hält. »Wir hatten damals so wenig Geld … Heute hätte ich gerne ein großes Bad, direkt neben dem Schlafzimmer, und eine Wohnküche, in der man auch essen kann …« Träume, die nur allzu menschlich sind. Peichl will im Garten unverzüglich mit dem Aushub für das versprochene Schwimmbecken beginnen. Das Schwimmbad im Souterrain des Hauses hatte der unverbesserliche Architekt irgendwann in einen Arbeitsraum verwandelt, hatte über dem Bassin ein Parkett verlegt und vor die weißen Kacheln Bücherregale gestellt.

In den vierzig Jahren seiner Karriere als Architekt ist dieses Haus das einzige private Wohnhaus geblieben, das Gustav Peichl gebaut hat. An Aufträgen hat es nicht gemangelt, vor allem von Seiten befreundeter Künstler. Er hat sie alle abgelehnt. »Ich kann ein Haus für mich selbst bauen, weil ich mich einigermaßen gut kenne. Aber wie anmaßend, sich in das Leben von anderen einmischen zu wollen!«

Bringt der Beruf eines Architekten gerade dies nicht unbedingt mit sich? Ein klares Nein. Was

damit die Mauern seines Hauses im Frühling und Sommer grün bedeckt sind und sich im Herbst rot färben. Wie um zu betonen, dass das Leben Vorrang vor der Theorie hat.

Gustav Peichl hat seinen Beruf als Architekt und sein Familienleben immer streng getrennt. Skizzenpapierrollen, Fotokopierer und Mitarbeiter bleiben in den Büroräumen in der Innenstadt, am Opern-

*Offene Durchgänge zwischen den Räumen, keine Türen – wozu auch?*

Peichl mit Leidenschaft entwirft, sind Stätten der Kultur und Wissenschaft. Er hat dutzende von Museen und Bibliotheken erbaut. Hat für die Aufnahmestudios des österreichischen Fernsehens eine ungewöhnliche architektonische Form gefunden. Hat in Österreich und Deutschland Schulen errichtet. Hat davon geträumt, am Mont-Saint-Michel vor der Normandieküste die Zufahrtsstraße abtragen zu lassen, um der Insel ihren ursprünglichen Charakter wiederzugeben. Hat schließlich die strengen deutschen Architekturnormen ins Wanken gebracht, als er 1986 den Bau der Bonner Bundeskunsthalle begann, die weltweit Aufsehen erregte. Ein großer quadratischer Bau von opakem Weiß, dessen Terrassendach mit farbigen Kegeln bestückt ist. Sein Meisterwerk. Gustav Peichl fasst seine Arbeit, die zugleich streng, aber auch das Werk eines Phantasten und besessenen Künstlers mit folgenden Worten zusammen: »Architektur ist die Summe von Raum, Funktion, Form, Material, Farbe und Licht. Wenn eine der Komponenten nicht genügend berücksichtigt wird, stürzt alles in sich zusammen.«

Sein eigenes Haus stammt aus seiner Anfangszeit, er hat es 1950, in weniger als einem Jahr, erbaut. Er selbst meint dazu: »Das Leben eines Menschen sollte nicht in einzelne Abschnitte zergliedert werden. Ich habe seither nichts Neues mehr entdeckt. Ich habe mich darauf beschränkt, zu entwickeln, was in mir steckte, und mich dabei bewusst abseits der Moden aufgehalten. Ich versuche modern zu sein, aber nicht modisch.« Dennoch hat Peichl für sein Haus nicht den ganzen Formenkatalog genutzt, der sonst für ihn charakteristisch ist. Bei dem lang gestreckten Grundstück handelt es sich um einen ehemaligen Weinberg. Auf dem Terrain konnte er mit Formen wie Kreis, Spirale, Zylinder oder Kegel nicht arbeiten, jenen archetypischen Elementen, die das Kernstück seiner späteren Werke ausmachen. Aber das Wesentliche ist schon da. Der Geist, wenn man so will.

WIEN

*Im Wohnraum ein weißer Sessel wie ein Thron, entworfen von Josef Hoffmann. Während seines Wienbesuchs war er würdiges Requisit für Papst Johannes Paul II.*

aber immerhin Trennwände, die einen Parcours voller Überraschungen schaffen, versteckte kleine Zimmer, Arbeitsräume, Wohnräume. »Es ist wichtig, sich manchmal auch zurückziehen zu können. Allein zu sein.« Peichls Ehefrau greift ein. »Dass Gustav sich irgendwo einschließt, kommt sehr selten vor. Er arbeitet dort, wo auch ich mich aufhalte.« Professor Peichl lacht. Er widerspricht ihr nicht.

»Im Grunde ist es das, was uns Österreicher von den Deutschen trennt«, führt er aus. »Die Deutschen glauben, dass Architektur eine mathemati-

Ein Geist, der die Räume klar auf drei Ebenen angeordnet hat, ein Zimmer neben dem anderen wie die Bauern auf einem Schachbrett. Wieder fühlt man sich an Adolf Loos erinnert, diesmal an seine winzige amerikanische Bar in Wien. Durch geniale Einfälle und ein illusionistisches Spiel mit Spiegeln wirkt der Raum um ein Vielfaches vergrößert. Auch bei Peichl sind die Räume nicht groß, aber alles wirkt luftig, heiter. Flure markieren die zentralen Achsen, Öffnungen rhythmisieren den Raum. Keine Türen (»Wozu im Innern eines Hauses Türen?«), sche Gleichung sein kann. Dass sie nichts als angewandte Geometrie ist. Für uns Wiener sind die strengen Proportionen sicherlich auch wichtig, aber daneben gibt es noch anderes. Irrationalität, Sinnlichkeit, das Haptische, den Humor.« In wenigen Worten ist damit der »Genius Loci«, wie Peichl sagt, zusammengefasst. Die Gabe, das Wesentliche in wenigen Zügen wiederzugeben, nutzt er auch beruflich: Sein ganzes Leben lang hat er nicht nur als Architekt gearbeitet, sondern auch als Karikaturist für Tageszeitungen. Sein Pseudonym: Ironimus.

*Klare Linien und Formen, ganz in der Tradition der Wiener Moderne: Das Trinkglas wurde von Adolf Loos entworfen, am Tisch Thonet-Stühle.*

Kennt man seinen Sinn für unkonventionelle Einfälle, so erstaunt es, dass das Innere seines Hauses ganz in Weiß und hellem Holz gehalten ist. Behauptet er doch anderswo, dass die Verwendung der Farben in der Architektur von grundlegender Bedeutung sei. Ein Hochhaus, das er eben erst in Wien fertig gestellt hat, ist ganz mit senkrechten Farbbändern versehen. In Weiß und Blau, einfach so. »Farben müssen immer aus gutem Grund verwendet werden«, entgegnet er. »Architekten, die sie einfach kreuz und quer aufmalen, versuchen sich

*Die Räume kommunizieren miteinander. Josef Hoffmann entwarf die Lehnsessel.*

*Die Treppe von der Eingangstür zum Wohnraum. Ein Aufstieg ins Licht. Auf den Regalbrettern einzelne Sammlerstücke des Architekten.*

*Wohnraum hinter Glas.*

damit nur interessant zu machen. Wenn ich diesen Turm in die Hosen von Obelix gesteckt habe, dann wollte ich damit ein Zeichen setzen und mit dem Grau der Umgebung brechen.«

Dennoch, warum ist bei ihm zu Hause alles in Weiß? Die Antwort ist wie immer halb ernsthaft, halb scherzhaft: »Weil ich die Milde und die Ruhe suche. Die Farben kommen durch uns, durch unsere Gesten, unser Lachen, unsere Kleidung.« Und das helle Holz? »Eiche. Der Lieblingsbaum von Kaiser Franz Joseph.« Darum.

Es stimmt, dass alles in diesem Haus, von der Architektur selbst einmal abgesehen, seine eigene Geschichte und sein eigenes Leben hat. Kein einziger Gegenstand, von dem nicht mit einer gewissen Zärtlichkeit gesprochen wird. Hier eine Jugendstilvitrine, ein Erbstück der Familie, dort ein Stuhl von Otto Wagner, eine Lampe von Josef Hoffmann. Über das Parkett gelegt ein bäuerlicher Webteppich. Zwischen zwei Ledersofas, von denen Peichl ohne weiteres zugibt, »dass sie keinen besonderen Wert haben«, steht ein würfelförmiger weißer Sessel, wiederum von Hoffmann. Doch diesmal mit einer besonderen Anekdote. Während des Papstbesuchs in Wien im Jahr 1999 war Peichl damit beauftragt, den Auftritt des Heiligen Vaters zu inszenieren. »Er wollte sich auf einen ganz gewöhnlichen Thron setzen. Das war nicht möglich. In Wien setzt man sich auf einen Sessel von Hoffmann. Es war dieser hier.«

An den Wänden hängen Zeichnungen von Klimt oder Schiele, aber auch Kritzeleien der Kinder, eigene Karikaturen, Werke der Freunde. Alles sorgfältig gerahmt. Hundertwasser, Wiener Architekt, Maler und Freund, der mit Peichl die Spottlust teilt, hat vor mehr als dreißig Jahren ein Gemälde hier gelassen. »Die Geschichte spielte sich im Wohnzimmer ab. Ein befreundetes Paar war da, weder sie noch wir hatten genug Geld, um das Bild zu kaufen, das uns allen sehr gut gefiel. Da nahm Hundertwasser eine Schere, hat die Leinwand entzweigeschnitten und jedem von uns eine Hälfte gegeben.« Das abstrakte Bild hängt seither unverrückt an seinem Ort.

*»Kitsch gehört zum Leben.« Peichl ist ein großer Verehrer Napoleons, »wegen seiner Posen und seines Mantels ...«*

In einer Ecke, wohl behütet in einer leicht gewölbten Vitrine, ist ein erstaunliches Durcheinander an Dingen versammelt. Brieföffner, Bierkrüge, Zahnstocher, Figürchen aus Elfenbein, Schlüsselanhänger – sie erzählen alle vom Mythos Napoleon. Sein Zweispitz in zigfacher Ausführung. »Ich bin von der Person fasziniert. Nicht als Politiker, sondern als Mensch. Mir gefällt, wie er sich kleidet, seine Statur, seine Posen, seine aufrechte Haltung, sein großer Mantel. Heute ist nur der Dalai Lama mit ihm vergleichbar.«

Dieses ganze Warenlager Kitsch zu nennen, stört Peichl nicht, im Gegenteil. Er stimmt begeistert zu. »Aber natürlich liebe ich den Kitsch. Alles, was wir im Laufe unseres Lebens ansammeln, ist Kitsch. Und im Übrigen – was wäre die Schönheit einer Frau ohne einen großen, kitschigen Hut?«

Ein Kulturdenkmal

# Paolo Portoghesi

*Zeichnung und Natur: die Dialektik des Architekten.*

**1931**
**in Rom geboren**
**1968**
**Kirche der Sagrada Familia, Salerno (mit Vittorio Gigliotti)**
**1976**
**Islamisches Zentrum und Moschee, Rom**
**1983**
**Präsident der Biennale in Venedig**
**1985**
**Galerie Appolodoro, Rom**
**1987**
**Heilbadanlage, Montecatini Terme**

Englische Schuhe, gestrickte Socken, Cordhosen: In seinem Haus auf dem Land, vierzig Kilometer von Rom entfernt, gibt sich Paolo Portoghesi gerne als Gutsherr, und er spielt diese Rolle ausgezeichnet. Man kennt ihn weltgewandt, elegant, ein typischer Römer. Ich hatte ihn vor einigen Jahren in einer der schönsten Wohnungen Roms besucht, mit großer Terrasse und unbezahlbarem Blick auf die Piazza d'Espagna. Wusste, dass er noch weitere luxuriöse Apartments hatte – in Mailand, vor allem aber in Venedig, seiner Wahlheimat, wo er acht Jahre lang Präsident der Architektur-Biennale war.

Jetzt, da er weit in den Sechzigern ist, scheint Portoghesi zu seinen Wurzeln, zu fast mythischen Anfängen zurückkehren zu wollen. »Rom ist für mich ganz wichtig, aber dort herrscht eine zu große Hektik und Unruhe. Ich sehne mich danach, hier in dieser Stille zu leben.« Im Moment ist er dabei, die Bedingungen dafür zu schaffen und den Alltag entsprechend zu organisieren. Das Haus, das nunmehr sein Hauptwohnsitz werden soll, besitzt er seit mehr als zwanzig Jahren. Ganz in der Nähe, inmitten von Olivenhainen, Pfirsich- und Aprikosenbäumen, baut er sich im Augenblick ein Büro. Eine Festung aus ockerfarbenem Stein, von einem Wassergraben umgeben, in den heiteren, blauen Himmel aufragend. Man gelangt zu ihr auf einem holprigen, nicht befestigten Weg. Die Hügellandschaft ringsum hat sich seit Vergil kaum verändert.

Das Wohnhaus ist zehn Minuten mit dem Auto entfernt und steht seit einigen Jahrhunderten – in einem kleinen Weiler, wo die Alten am Abend auf einer Bank sitzen. Über einem steilen Abhang errichtet, ist das unauffällige Gebäude aus grauem Vulkangestein einem noch urtümlichen Tal zugewandt. Ein Bauwerk, das alles andere als architekto-

*Ein Käfig und eine Wärmelampe, um Küken großzuziehen – für Paolo Portoghesi sind Tiere ein Teil seiner Lebensform.*

nisch besonders eindrucksvoll ist, und das hat seinen Grund: Es bestand früher aus mehreren Scheunen, die Bauern lagerten dort Getreide und Heu. Paolo Portoghesi hat das Mauerwerk mit all seinen Gebrauchsspuren so belassen, wie er es vorfand. Ein solcher Minimalismus der äußeren Gestaltung wird ihm geradezu zum Programm: »Wir haben eine kritische Schwelle erreicht, zumindest in Italien. Es ist viel zu viel und viel zu schlecht gebaut worden.

*Ein großer runder Tisch für die Gäste und ein malerischer Blick auf das tiefer liegende, alte Dorf Calcata.*

Wir sollten uns zurückhalten und darauf verzichten, allem unseren Stempel aufzudrücken.«

Zu schweigen kann auch ein Privileg bedeuten. Zu wissen, dass die Landschaft eine uralte Geschichte hat, dass der umgebende Boden seit Jahrtausenden bebaut wird. Ein weiter Ausblick über das Tal empfängt den Besucher, sobald er die Terrasse betritt, eine Kulisse, die atemberaubend ist. »Die Mauern und die Überreste von Häusern, die hie und da in der Landschaft verstreut liegen, sind Zeichen einer Zivilisation, die älter ist als Rom. Die ersten menschlichen Spuren in dieser Gegend reichen bis in die Zeit der Etrusker zurück.«

Weiter unten liegt auf einem schmalen Felsvorsprung ein Dorf, das wirkt, als ob es außerhalb der Zeit existiere: Calcata. Wie jeden Morgen wirft Portoghesi ihm einen zärtlichen Blick zu. »Dass es überhaupt gerettet wurde, verdankt es einem Akt zivilen Ungehorsams. In den 60er Jahren hatte die Regie-

rung beschlossen, das ganze Dorf abreißen zu lassen. Zu baufällig und die Renovierung zu kostspielig, lautete das Argument. Die Bauern wurden dazu überredet, in die Häuser von »Nuovo Calcata« umzuziehen, das ein Stück weiter oben liegt. Ein scheußliches Stück Architektur. Aber wie es in Italien üblich ist, haben sich die Abbrucharbeiten immer wieder verzögert. Intellektuelle und Künstler haben die Häuser besetzt und die nötigen Arbeiten durchgeführt. Ich glaube, dass Calcata jetzt gerettet ist.« Eine lange, verträumte Pause. Dann kehrt Paolo Portoghesi zu seiner Lieblingsbeschäftigung zurück: der Betrachtung der Natur. »Mir gefällt an diesem Dorf besonders, wie es in die Felswand eingebettet ist. Die Mauern sind alle aus dem Stein des Felsabhangs erbaut. So entsteht der Eindruck eines Übergangs zwischen der Natur und den Bauwerken.«

Das Thema liegt ihm am Herzen. Er hat ihm 1997 sogar ein Buch und eine Ausstellung in der Engelsburg in Rom gewidmet, *Arte e Natura*. Die Architektur steht für ihn in ständigem Dialog mit der Natur. Manchmal wird sich der Architekt der Anre-

*Portoghesis Haus, hoch über einem Steilabhang gelegen, war früher eine Scheune, in der die Bauern der Umgebung ihr Getreide und ihr Heu lagerten.*

**Folgende Doppelseite**
*Landschaft mit alter Geschichte: Die Zivilisationsspuren reichen bis zu den Etruskern zurück.*

*Die Treppe windet sich spiralförmig empor. Eine moderne Variante barocker Formen, die Paolo Portoghesi sehr genau studiert hat.*

*Die Liebe zur Natur ist möglicherweise ein Erbe der Familie. Über dem Bett von Portoghesi ein Porträt seines Vaters, von Grün umgeben.*

gungen bewusst und verarbeitet in stilisierter Manier die Formen, die er um sich herum wahrnimmt. »Ein Beispiel hierfür ist die Treppe der Universität in Rom, die einem Schneckenhaus nachempfunden ist.« Viel häufiger jedoch liegt diese Beziehung auf einer anderen, unbewussten Ebene. »Sie hat ganz allgemein damit tun, wie wir auf der Erde leben.« Es erstaunt deshalb nicht, dass der Besuch im Garten des Anwesens beginnt, der sich vor dem Haus befindet und zur Hügelseite angelegt ist. Für das Verständnis wird er ganz wesentlich sein.

Ein eigenartiger Garten, so viel steht fest. Zunächst sticht vor allem die Unordnung ins Auge, ein reizvolles, dekadentes Laisser-aller. Schlingpflanzen und Seerosen im stehenden Gewässer. Ein Durcheinander von Stilen und Anspielungen unterschiedlichster Art. »Ich mag es, wenn die Steine mit Moos bedeckt sind und dadurch lebendiger wirken. Leider ist dies bei unserer Hitze nur wenige Wochen lang der Fall«, erläutert Portoghesi. Alles, was sonst nötig ist, um das Leben eines Epikureers und Ästheten zu führen, ist jedoch vorhanden. Ein Schwimmbecken, Bänke unter den Bäumen, ein Winkel mit künstlich gezüchteter, wilder Natur, ein kleiner französischer Ziergarten, ein Pavillon, ein kleines Amphitheater für Musikabende und ein großer runder Tisch aus Stein, um dort an den langen Sommerabenden zu essen und Wein zu trinken ...

Paolo Portoghesi hat all diese Elemente wohl überlegt zusammengefügt, sie sind Ausdruck seiner theoretischen Reflexionen, seiner Träume und Erinnerungen. »Der grundlegende Anspruch, den ich an meine Architektur stelle, ist hieran abzulesen: Sie soll Reflexion und Lust zusammenführen.« Er weist auf die Hauptachsen der Komposition hin, erläutert die Zahlensymbolik. Drei Olivenbäume, ein zehneckiger Pavillon, ein achteckiges tropisches Gewächshaus ... Er liebt das spürbare Gewicht der Geschichte. Die Hadriansvilla ist sein Vorbild. Der römische Kaiser wollte die Kulturen Asiens und Europas miteinander versöhnen und hatte seine Villa in ein Privatmuseum verwandelt, in dem er sich mit Erinnerungsstücken an seine Reisen umgab. Auch Portoghesi träumt davon, die Grenzen der Zeit aufzuheben, Fundstücke aus unterschiedlichen Kulturen zu sammeln und in seinem privaten

**»Was mich fasziniert, sind die Korrespondenzen: Das Haus erzählt von meinem eigenen Leben und ist zugleich Teil der Architekturgeschichte.«**

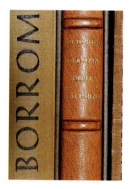

**Oben**
*Portoghesi ist einer der besten Kenner von Francesco Borromini und hat schon mehrere Werke über den barocken Bildhauer und Baumeister veröffentlicht.*

**Links**
*Auch die Stühle im Esszimmer sind von Portoghesi entworfen. Blattrippen waren das Vorbild für die hohen Lehnen.*

Ungeheuer im Garten von Bomarzo, der ganz in der Nähe von dem Grafen Orsini zur Zeit der Spätrenaissance angelegt wurde. Der Mäzen ließ dort aus dem Fels Monster und Riesen meißeln, Nymphen, eine übergroße Schildkröte und sogar einen Elefanten, der mit seinem Rüssel einen römischen Zenturio erdrückt. Und der Pavillon? Es lohnt auch hier, genau hinzusehen. Er ist von einer Art Kanal umgeben. Die mythische Insel, mitten im Pazifischen Ozean. Eine Reise, welche die ersten Berufsjahre des Architekten nachhaltig prägen sollte. Die erkennbar arabischen Einflüsse? Sie erinnern daran, dass eines der Hauptwerke von Portoghesi die Moschee in Rom ist. Der große Olivenbaum ist sechshundert Jahre alt, stand in einem Klostergarten und sollte einer Autostraße weichen. Portoghesi hat ihn gerettet.

Um einen Esel zu beherbergen, der zum Metzger gebracht werden sollte, hat Portoghesi 1983 eine Art Privatzoo neben seinem Garten eingerichtet. »Seither habe ich mir immer mehr Tiere durch solche Rettungsaktionen zu Freunden gemacht.« Zumindest der Ort ist für einen solchen Zoo ungewöhnlich, mit seinen Umzäunungen und den drei Angestellten, die sich ausschließlich um die Tiere kümmern. Lamas sind dort untergebracht, Ziegen, Pferde und Vögel. Eine Welt für sich.

Portoghesi kommt jeden Tag dorthin, in der Pose des scheinbar gleichgültigen Dandys. Er macht vor den römischen Ziegen Halt, die ihr beinahe mythisches, majestätisches Aussehen den säulenartig gedrechselten Hörnern verdanken. »Borromini muss sie gekannt haben«, lautet sein Kommentar. Bleibt dann vor den Kranichen stehen, die wie Tänzerinnen ihre Aufstellung wechseln und wirken, als ob sie über die Gesetze der Symmetrie Bescheid wüssten. Schließlich vor den Straußen mit ihren überlangen Beinen. Tiere, wie für die Gotik erfunden. Eine Welt aus Farben und Formen. Ein unerschöpfliches Reservoir für den Architekten.

Die Grundprinzipien sind erklärt, und der Besucher kann über die Schwelle in das Haus treten. In der mit Steinen gepflasterten Eingangshalle gibt ein Fenster den Blick auf Calcata frei. Dieser Postkartenblick wird noch aus unterschiedlichsten Blickwinkeln wiederkehren. Als ob der Architekt gleichsam ein Leitmotiv daraus machen wollte.

Die Geschichte des Hauses ist zugleich der Schlüssel zu seinem gegenwärtigen Grundriss. »Ich habe die Scheunen nach und nach aufgekauft«, erklärt Portoghesi. »Ich war bemüht, ihre Anordnung beizubehalten und sie miteinander zu verbinden,

Universum zu einer neuen Einheit zusammenzufügen. Nicht umsonst war er einer der Verfechter der Postmoderne in der Architektur, die Anfang der 80er Jahre antike Bauformen kühn mit zeitgenössischen Glasfassaden kombinierte.

Hinter dem Steintisch werden die Gäste von großen Augen aus farbigem Glas fixiert. Wie Portoghesi erläutert, eine Anspielung auf die rätselhaften

ohne ihre Geschichte preiszugeben. Jedes der Zimmer fügt sich in das Ganze ein und behält zugleich seine Eigenständigkeit. Auch dies hat mit meinem Bestreben, in der Vielfalt die Einheit zu finden, zu tun. Ich wollte nicht, dass irgendeiner der Räume auf eine Funktion reduziert wird. Man wechselt den Ort, je nach Stimmung und Tageszeit, genau wie dies in einer antiken Villa der Fall war.«

Bei genauerem Hinsehen ist dennoch eine ganz traditionelle Aufteilung erkennbar: ein Wohnraum, ein Esszimmer, eine Küche, ein Schlafzimmer und verschiedene kleinere, aneinander grenzende Zimmer, die alle als Bibliothek und Leseraum dienen. Portoghesi hat mehrere anerkannte Werke über die italienische Renaissance verfasst und ist ein Mensch, der sich gerne mit Büchern umgibt. Einige davon

*Paolo Portoghesi liebt Bücher. Die Wände seiner Bibliothek sind mit Motiven nach William Morris geschmückt.*

*Mit einem geretteten Esel fing es an. Dann kamen weitere Tiere hinzu. Heute besitzt Portoghesi seinen eigenen Zoo.*

sind wertvolle Kunstwerke, wie die Ausgabe der architekturtheoretischen Schriften Palladios aus dem Jahr 1570. Er zeigt sie gerne her. Spricht von ihnen mit Begeisterung und voller Leidenschaft.

Paolo Portoghesi ist auch Designer und hat die Mehrzahl der Objekte, von denen er umgeben ist, selbst entworfen. Stühle mit Rückenlehnen, die wie Ähren aufgerichtet sind, weiße Glasschränke mit aufgesetzten Giebeln, die jeder klassischen Kompositionsregel trotzen, Bestecke und Teekannen, die von Alessi vertrieben werden ... Die Gegenstände im Haus und im Garten haben ihre eigene Geschichte, die untrennbar mit der ihres Besitzers verbunden ist. An der hinteren Wand des Wohnraums öffnet sich eine Tür, dahinter wird eine Landschaft sichtbar – ein Trompe-l'oeil. »Die illusionistische Malerei war am Eingang zu der Galerie angebracht, die meine Frau an der Piazza d'Espagna eröffnet hatte. Ein Abschnitt unseres Lebens.«

Es fällt nicht schwer, sich von diesem Mann mitreißen zu lassen und sich auf sein Spiel einzulassen. Direkt gegenüber von einem Fenster hängt das Gemälde eines befreundeten Malers. Eine Eiswüste, ohne menschliche Spuren. »Vielleicht war dies im Quartär der Blick aus dem Fenster hier.« In einem der Bibliotheksräume steht ein alter Schreibtisch. »Was mir daran besonders gefällt, ist die Spiegelumrahmung. Wenn man davor sitzt, um zu schreiben, sieht man nur die eigenen Hände.« Im Esszimmer befindet sich ein Kamin, gegenüber ein Brunnen. »Tempel des Wassers und Tempel des Feuers, beide miteinander versöhnt.«

Dann folgt der letzte Akt der Inszenierung: der Abstieg in die Unterwelt. Ein lang gestrecktes Kellergeschoss verläuft unter dem Haus, Hell und Dunkel sind wohl überlegt. Am Ende des Flurs wird der behauene Fels in ein geheimnisvolles Licht- und Schattenspiel getaucht. Die Bauarbeiten waren eini-

## »Architektur entsteht durch Naturbeobachtung. Wir übersetzen diese Vorbilder in stilisierte Formen.«

Gegenüber sind hinter Glas Muscheln, Steine, Meeresschwämme, deren Form und Struktur der Architekt mit Wolkenkratzern vergleicht. Wieder wird die Natur zum Ursprung der Architektur: »Schauen Sie genau hin. Sie können darin New York, San Gimignano und die Bucht von Neapel erkennen.«

*Der Tanz der Kraniche – für den Architekten eine weitere Lektion über die Ordnung von Formen im Raum?*

germaßen aufwendig, aber Portoghesi beharrte darauf. Zunächst einmal, weil er damit die regionalen Traditionen fortsetzen wollte. Jeder Bauer in der Umgebung hatte früher seine Grotte in den Felsen geschlagen. Dann auch, weil ein Haus in der Erde verwurzelt sein muss. Und schließlich, weil in seiner Familie immer Wein angebaut und gekeltert wurde und auch er darauf nicht verzichten möchte. Und warum auch, wenn das, was ihm Vergnügen bereitet, mit seinen Theorien als Architekt so hervorragend zusammenpasst?

*Portoghesi, der weltgewandte, mondäne Römer, ist aufs Land zurückgekehrt.*

# LONDON

*Italienischer Charme und englischer Stil.*

**Ein öffentlicher Platz**

# Richard Rogers

**1933**
in Florenz geboren
**1968**
Zip-up-House, London
**1971**
Centre Georges Pompidou, Paris (mit Renzo Piano)
**1978**
Hauptverwaltung für Lloyd's, London
**1990**
Zentrale für Channel 4, London
**1992**
Erweiterungsbau des Flughafens, Marseille
**1993**
Justizpalast, Bordeaux

*»Ich hatte für meine Kinder eine separate Treppe eingeplant. Sie haben sie nie benutzt.« Der Wohnraum in der Mitte des Hauses wird von der ganzen Familie durchquert.*

Richard Rogers und seine Frau haben zwanzig Gäste zum Essen eingeladen: Kunden, Geschäftspartner und Mitarbeiter aus dem Büro, Freunde. Seit dem Vormittag ist ein Koch mit den Vorbereitungen beschäftigt. Alles, was er braucht, steht ihm zur Verfügung, vor allem aber eine große, professionelle Arbeitsplatte aus rostfreiem Edelstahl, die am Rand eines weißen Wohnraums thront. Eines Raums im Übrigen, der so gewaltig ist, dass Menschen darin ganz klein wirken. In der Küche, die das kühle und glatte Design einer Flugzeugkabine hat, ist für alles ausreichend Platz. Für die malerisch dekorierte Obstschale ebenso wie für die Gemüseabfälle, die mit einer schnellen Bewegung in einem sofort wieder verdeckten Abfallschlitz verschwinden, oder die Kisten voller Gemüse, die jeden Tag frisch vom Markt geliefert werden und ein paar Stunden als sorgfältig dekoriertes Stillleben dienen.

Im Augenblick ist die Stunde der Familie. Umarmungen, lässige, bunte Kleidung, die großen Fenster sind weit geöffnet, draußen ist ein schöner, warmer Tag, Sommer in London. Das Paar hat insgesamt fünf Kinder, einige selbst schon wieder Eltern, wenn alle da sind, herrscht ein reges Durcheinander. »Ich hatte für sie eine separate Treppe eingeplant. Sie haben sie jedoch nie benutzt«, bemerkt der Architekt, der ganz pragmatisch die erfolgreiche Nutzung zum Maßstab seiner Entwürfe macht. Wie viele Kinder wohnen noch in dem Haus? »Drei? Vier? Das ist je nach Jahreszeit ganz unterschiedlich«, meint er lächelnd. Seine Schwiegermutter jedenfalls wohnt im Erdgeschoss. Und der ganze sind, hat er eines seiner großen Architekturprojekte verwirklicht: ein städtischer Mikrokosmos, der beispielhaft vorführt, wie eine Vermischung unterschiedlicher Funktionen möglich ist.

Auf der einen Seite befindet sich sein Büro, ein Gebäude aus rotem Ziegelstein, dessen Glasdach an das Centre Georges Pompidou auf dem Plateau Beaubourg in Paris erinnert. Auf der anderen Seite sind Wohnungen untergebracht. Dazwischen liegt parallel zum Fluss das River Café, ein teures, ganz im Trend liegendes Restaurant, in dem Rogers' Ehefrau Ruth den Ton angibt. Sie ist in ganz London für ihre Küche berühmt und kennt alle Geheimnisse der toskanischen Kochkunst. Um ein Uhr kommt Rogers herüber, um ein einfaches Mittagessen zu sich zu nehmen. Und befindet sich dabei nicht nur in guter Nachbarschaft, sondern bleibt im Familien-

*Ein Haus wie ein öffentlicher Platz, eingerichtet für das Kommen und Gehen der Familie.*

Anhang kommt immer wieder auf eine Tasse Kaffee vorbei, so dass hier ständig ein Kommen und Gehen ist. »Dieser Raum ist der öffentliche Platz hier im Haus«, so Richard Rogers.

Normalerweise sind weder er selbst noch seine Frau tagsüber zu Hause. Früh am Morgen macht er sich mit dem Fahrrad in sein Büro auf. Zwanzig Minuten ist er unterwegs, bis er mitten durch den Großstadtverkehr an sein Ziel gelangt: ein eigenes kleines Stadtviertel am Ostufer der Themse, das ganz nach seinen Entwürfen entstanden ist. In alten Lagerhäusern, die rund um einen Platz gruppiert

umfeld. Ein Aperitif auf dem mit Rasenflächen bedeckten und mit Metallskulpturen bestückten Platz.

Als Richard Rogers das Centre Pompidou baute, hatte er in Paris eine Wohnung, die auf einen ehemals königlichen Platz hinausging, auf die Place des Vosges. Heute wohnt er in Chelsea, in der Royal Avenue, unweit der King's Road. Soviel an königlicher Pracht kann kaum Zufall sein. Aber der Prinz lebt in ihr ganz nach seiner eigenen Art, entspannt und voller Humor. In einem Lebensstil, der herrschaftlich wirkt und zugleich eine Mischform ist. Italien hat darin seine Spuren hinterlassen, denn

*Richard Rogers hat an dem Gebäude äußerlich nichts verändert. Er hat lediglich im Innern Zwischenwände und Decken herausgerissen, um den Wohnraum zu vergrößern. Danach platzierte er dort einzelne Farbflecken, Sessel von Le Corbusier und Stühle von Arne Jacobsen.*

# Richard Rogers

seine Vorfahren haben drei Generationen lang dort gelebt, aber auch England, denn Rogers ist in diesem Land aufgewachsen.

Was die Wettbewerbsjury für das Centre Pompidou damals überzeugt hatte, war Rogers' Absicht, nicht nur ein einzelnes Bauwerk zu schaffen, sondern das ganze Ensemble in seine Planungen mit einzubeziehen. Auch die spezifische Art, in der er seine Reflexionen über die Stadt ins Zentrum seiner Arbeit rückt, hatte daran Anteil. Ein Besuch seines eigenen Hauses beginnt darum mit einer solchen Bestandsaufnahme. Statt einer langen Vorrede erfolgt eine topographische Situierung des Gebäudes. Auf der einen Seite gehen die Fenster des mehrstöckigen Wohnhauses, das ganz in Rogers' Besitz ist, auf die Royal Avenue hinaus. »Diese Straße, die im rechten Winkel von der King's Road abzweigt, zeugt von dem fehlgeschlagenen Versuch,

*Vorbereitung des Mittagessens: eine Küche für Profis, mit einer offenen Arbeitsfläche zum großen Wohnraum hin.*

## LONDON

*Gespannte Stahlseile als Treppengeländer: Hightech-Ästhetik pur.*

### »Wir wollten vor allem Licht und Raum. Aber ich konnte mir nur ein Leben in der Stadt vorstellen, nirgendwo sonst.«

wie in Frankreich große, neue Verkehrsachsen zu schlagen.« Durch die Fenster, die zur King's Road hin gelegen sind – es handelt sich um ein Eckhaus –, kann man dagegen auf eine Art Park blicken. Eine Grünfläche, wie sie in einem so zentral gelegenen Stadtviertel eher ungewöhnlich ist. »Auch hier liegt der Vergleich mit Paris nahe. Es handelt sich um das Royal Hospital, das ungefähr den gleichen Stellenwert hat wie der Invalidendom in Paris. Es werden dort die sterblichen Überreste von Soldaten aufbewahrt. Doch der Bau, den Christopher Wren 1840 errichtet hat, wirkt ländlich und sehr einfach. Was Paris und London voneinander unterscheidet, läßt sich bis in solche Details hinein erkennen.«

Von außen unterscheidet sich das im strengen Georgianischen Stil erbaute Haus nicht von den Nachbarbauten, abgesehen von der schmalen Eingangstür, die aus Stahl und relativ unauffällig ist. Die Anordnung der Fenster ist nicht verändert worden, und die Fassade hat ganz den strengen Charakter bewahrt, wie er für den Baustil um 1840 typisch ist. So berühmt Rogers auch sein mag, er durfte am Äußeren nichts verändern. In unmittelbarer Nähe zu anderen unter Denkmalschutz stehenden Bauten, war ihm jeder auffällige Eingriff untersagt. Was ihn auch weiter nicht störte: »Der Georgianische Stil ist der schönste der englischen Baustile. Und ich mag die Farbe dieser Stadthäuser. Die Ziegel

werden weiß gestrichen. Ein strahlendes Weiß. Denn hier kommt es darauf an, das wenige Licht, das vorhanden ist, möglichst geschickt zu nutzen.«

Im Innern dagegen wurde alles verändert und nach Rogers' Plänen umgebaut. Den Bedürfnissen der Großfamilie entsprechend wurden zwei Wohnungen zusammengelegt und alle Wände herausgerissen. »Dieser Wohnungstyp diente im letzten Jahrhundert für die ärmeren Söhne aus reichen Familien. Die Ausstattung war darum typisch englisch, kleine Zimmer und mit Dekor überladen.« Kaum hatte er das Haus erworben, machte sich der Architekt daran, den Geist der vergangenen Zeiten auszu-

*Rhythmische Strukturierung des Raums durch gestaffelte Schiebewände.*

*Badezimmer oder Laboratorium?*

tik geprägt ist: Die Treppe, die zu den oberen Stockwerken führt, hat Lochblechstufen wie eine Feuerwehrleiter, und das Geländer besteht aus Rohrstangen und gespannten Stahlseilen. Die Heizkörper sind einfache Installationsware, lediglich verchromt. Die Belüftungsschlitze sind deutlich sichtbar ... All diese Details, Inbegriff einer modernen Ästhetik, wurden von Rogers entworfen, als die Modetrends der 80er Jahre und ihre Vermarktungsstrategien noch in weiter Ferne lagen.

Rogers selbst hat diese Hightech-Architektur und serielle Produktion programmatisch bejaht. »Ein Wandlungsprozess ist im Gange«, erklärte er noch 1995, »und die Technologie kann dazu beitragen. Dann nämlich, wenn sie zu positiven Zwecken eingesetzt wird und die soziale Gerechtigkeit voranbringt, was eines der großen Ideale im Zeitalter der Moderne ist. Nur wenn die Technologie sich an Prinzpien orientiert, welche die Grundrechte der Menschen – Wohnung, Nahrung, Gesundheit, Bildung, Freiheit – achten, kann von Moderne im vollen Wortsinn gesprochen werden.« Als Rogers das Centre Pompidou baute, klang es aus seinem Mund ganz ähnlich. Fast dreißig Jahre später hat sich an seiner Haltung nicht das Mindeste geändert.

Die großen Umbauarbeiten in seinem eigenen Haus haben zu einem ausgeklügelten System von Metallträgern geführt, die notwendig sind, um dem Ganzen Halt zu geben. Wie auch bei anderen Bauten hat Rogers die Trägerkonstruktionen nicht eigens verkleidet. Im Gegenteil. Er hat es noch deutlicher hervorgehoben, hat es noch auffälliger gemacht und blau streichen lassen. In jenem Blau, das im Centre Pompidou zu finden ist und auch in der direkt an der Themse gelegenen Hauptverwaltung von Lloyd's, seinem zweiten Hauptwerk, das er fast zur gleichen Zeit entworfen hat. Darin drückt sich der Wille des Architekten aus, die vielfachen Zwänge und Einschränkungen, denen Bauten unterworfen sind, offen zur Schau zu stellen und daraus

treiben. Er eroberte sich den leeren, freien Raum. Von der ursprünglichen Raumaufteilung ist nichts erhalten geblieben. Nicht einmal der Eingang ist noch an derselben Stelle, denn man nähert sich den Räumen jetzt über einen eigenartigen, glasüberdachten Platz, der früher der Hinterhof des Gebäudes war. Die großen Milchglasscheiben anstelle der Türen gleiten zur Seite, und man steht im Wohnraum. Dieser ist zwei Stockwerke hoch, mit doppelten Fensterreihen und erinnert an ein New Yorker Loft. Parkettfußboden, die Wände weiß, alles rechtwinklig. Der Raum spiegelt nichts anderes vor, als er wirklich ist, ohne Tricks, ganz direkt.

Wer Rogers kennt, ist kaum davon überrascht, dass die innere Struktur eines von außen bürgerlichen Gebäudes ganz von postindustrieller Ästhe-

eine besondere Form und Schönheit zu entwickeln. Die Hauptschließung der meisten Gebäude von Rogers erfolgt in der Vertikalen wie in der Horizontalen gut sichtbar, und die Bewegungsabläufe der Menschen wirken wie auf einer Bühne. Jüngstes Beispiel hierfür ist der Erweiterungsbau des Flughafens von Marseille, wo die abreisenden Passagiere beobachten können, wie ein Stockwerk tiefer die angekommenen Fluggäste vorbeigehen. Ähnlich verhält es sich auch in seinem eigenen Haus. Auf hal-

*Auf der Konsole hinter dem Bett eine Reihe von Töpferwaren. Richard Rogers' Mutter hat sie gefertigt.*

**Rechts**
*Ein Sofa in italienischem Design und Originale von Andy Warhol.*

**Rechte Seite**
*Von außen ein gepflegtes bürgerliches Wohnhaus im Georgianischen Stil. Traditionell in makellosem, strahlendem Weiß, was Rogers' eigener Ästhetik entspricht.*

*Vom Büro nach Hause mit dem Fahrrad.*

ber Höhe des Wohnraums ermöglicht es ein Zwischengeschoss, von oben das Geschehen zu verfolgen. Zugleich wird der Raum dadurch erst in seiner ganzen Größe erfahrbar, erschließt sich als Raumkörper eindrucksvoller, nicht lediglich als Ebene.

Das Schauspiel im Raum, das es von oben zu entdecken gilt, ist genau durchdacht, wirkt wie das Werk eines abstrakten Malers, nur dreidimensional entfaltet. In der Vertikalen, wie ein Puzzlespiel, Andy Warhols Porträt von Mao in mehrfacher Ausführung. In der Horizontalen die ganze Farbpalette des modernen Designs. Stühle in Gelb, Rosa und Blau, die Arne Jacobson entworfen hat. Ein runder Glastisch, der von Norman Foster stammt, dem einstigen Partner und jetzigen Konkurrenten. Nebenan ein nachtblaues Sofa, breit wie ein Bett, das dazu einlädt, sich auf die gelben Kissen zu werfen. Von dort aus wirken die Geranien und Fuchsien, die vor den Fenstern hängen, beinahe künstlich, irritierend wie ein zeitgenössisches Gemälde ...

Im ersten Stock befindet sich das Schlafzimmer des Ehepaars. Ein Bettüberwurf mit breiten blauen Streifen vor einer gelb lackierten Fläche. Auf einer Konsole Tonarbeiten seiner Mutter. An einem anderen Ort würde eine solche Ansammlung von Terrakottastücken kitschig wirken oder zu einem »Ethnolook« beitragen. Bei Rogers sind die Gefäße so aufgestellt, dass sie einer Stadtlandschaft gleichen. Die Fähigkeit, Raum, Licht und Farbe in besonderer Weise aufeinander zu beziehen, ist überall spürbar. In einem der Kinderzimmer nebenan, sind über dem Bett mit Stecknadeln Poster an die Wand geheftet, wie bei allen Jugendlichen. Hier aber ist die Anordnung perfekt. Der Sinn für den richtigen Ort der Dinge vererbt sich ganz offensichtlich.

Der Rundgang findet schließlich ganz oben auf der Terrasse seinen Abschluss, und wieder öffnet sich der Blick auf die Stadt ringsum, auf London. »Man will es fast nicht glauben«, so der Kommentar von Rogers, »aber die Londoner nützen ihre Dächer so gut wie überhaupt nicht als Wohnraum. Die Gewohnheiten ändern sich erst allmählich.« Das italienische Erbe des Architekten gewinnt hier die Oberhand.

Rosmarin und Lavendel sind gepflanzt, auch Aloe. Wenn er hier frühstückt, liegt ihm die ganze Stadt zu Füßen. Das Haus von Richard Rogers bringt einen Hauch von Süden nach London, und Chelsea wird plötzlich Florenz.

## Private Phantasien

# Heinrich Stöter

*Kapitän des Schiffs »E96«.*

**Linke Seite**
*Das Haus von Stöter an Hamburgs feiner Elbchaussee. Inzwischen ist es zu einem Touristenziel geworden.*

Sie sind wieder da, wie jeden Sonntag. In großer Zahl, das ganze Wochenende über und obwohl es geschneit hat. Sie wollen »E96« fotografieren – das Haus von Heinrich Stöter. Es sind junge Leute, Architekturstudenten, Touristen, aber auch, und dies überrascht, ältere Menschen. »Sie sagen, dass die Farben und die Formen hier sie an ihre Kindheit erinnern«, erzählt der Hausbesitzer. »Eine spielerische Heiterkeit besitzen.« Aber auch der Architekt Meinhard von Gerkan, der einige Hausnummern entfernt wohnt, ist immer wieder unter den Besuchern zu finden. Von Zeit zu Zeit parkt er seinen Jaguar auf der gegenüberliegenden Straßenseite, um das auffällige Bauwerk Freunden zu zeigen.

Denn auffällig ist das Haus, das unter der Chiffre »E96« – der schlichten Abkürzung der Adresse Elbchaussee 96 – bekannt geworden ist, in der Tat. Stolz darauf, aus dem üblichen Rahmen zu fallen, drängt es sich fast bis an den Bürgersteig vor, hinter weißen Steinplatten, die wie Spanische Reiter aufgerichtet sind. »Dort, wo die Steine sind«, erklärt Stöter, »ist der einzige nicht völlig durchgestaltete Bereich auf meinem Grundstück. Was hätte ich dort tun sollen? Können Sie sich vor einem solchen Haus einen Rasen vorstellen?« Mit Sicherheit nicht. Aber auch nicht unbedingt diese Steine, so wenig hat die gesamte Konstruktion mit vertrauten, natürlichen Baustoffen zu tun.

Was es zu sehen gibt, ist eine bunt zusammengewürfelte Mischung von Bauteilen aus Beton, Glas, Stahl, Aluminium und rostfreiem Metall. Ein Gebäude wie eine Skulptur, das es in all seinen Winkeln genau zu erforschen gilt. An einer Stelle durchbricht ein roter Balken die Außenwand und markiert den Eingang, an einer anderen ragt ein kubischer Vorsprung hervor, der nichts weiter bedeuten

**1959**
in Hamburg geboren
**1985**
Erstes Architekturbüro, Mallorca
**1987**
Tätigkeit als Lampen- und Möbeldesigner
**1990**
Umbau einer Schule in ein Modeatelier, Nähe Hamburg
**1995**
Wohn- und Geschäftshaus, Horneburg
**1999**
Kino und Freizeitzentrum, Eidelstedt

soll, an einer anderen wiederum ist eine Mauerfläche schräg rot gestreift, was jedoch keinesfalls eine Anspielung auf die amerikanische Flagge sein soll. Der Architekt hat sich keinerlei Zwang auferlegt. Wo es ihm gerade einfiel, hat er blaue Farbe oder Goldverzierungen aufgetragen; es gibt Wasserfälle, Springbrunnen und Stellflächen für große Videoschirme. Er hat die Linien in der Vertikalen und in der Horizontalen gekippt, ohne dies gleichzeitig zum Prinzip zu erklären, wie dies etwa der amerikanische Architekt Frank O. Gehry getan hat. Das gesamte Bauwerk hat einen anarchistischen Touch, wirkt wie ein psychedelischer Trip zurück in die 70er Jahre. Eine Architektur, die mit ihrem futuristischen Design dennoch ganz in die Gegenwart gehört. Und die vor allem unglaublich heiter ist.

Im Innern wechselt eine Überraschung mit der nächsten ab. Am Eingang betritt man ein Himmel-und-Hölle-Spiel, das auf einen Glasboden aufgemalt ist. Allerdings gibt es nur den Himmel und keine Hölle. Eine Frage der Einstellung. Ohne sich weiter um die Ausstellungsräume zu kümmern oder um das Büro im Souterrain, führt eine Wendeltreppe in die Privaträume im dritten Stock. Auf zwei Ebenen verteilt, herrscht das fröhliche Chaos. Plexiglas und Neonröhren, eine Treppe aus Blech, auf Federn montierte Bücherregale, die zu schwanken beginnen, sobald man nach den Wissensschätzen greift, schräge Fenster, krumme Sofas, zitronengelbe Decken und mit Intarsien verzierte, von Mosaiken durchsetzte Fußböden. Die Zimmer sind alle hell und lichtdurchflutet, und auch wenn das Ganze völlig verrückt wirkt, fühlt man sich letztendlich wohl. Das Werk ist gelungen.

Stöter gehört nicht zur internationalen Architektenszene. Vielleicht, weil er noch jung ist. Fünfundvierzig Jahre bedeuten nicht viel in diesem Beruf. Aber auch deswegen, weil er es nicht unbedingt da-

*Im Schlafzimmer, wie in allen anderen Räumen, sind die Heizkörper unverkleidete Stahlröhren. Die »Heizkraftmaschine« gehörte zu den Grundideen für das Gebäude.*

*Verchromter Stahl und Holz: Stöter versteht es, unterschiedliche Materialien zu kombinieren. Die Bücherregale, die er selbst entworfen hat, sind auf Federn montiert. »Sobald ein Buch berührt wird, gerät das ganze Wissen in Schwingung.«*

# HAMBURG

**Links**
*Mobile Küchenelemente auf Rollen. Und ein Rollladen aus Metall, der einfach herabgezogen werden kann, wenn die Unordnung zu groß ist.*

**Unten**
*Eine Metalltreppe führt zum Wohnraum empor.*

> »In meinem Alter sagt man sich, dass eine kleine, eigene Welt zu schaffen schon gar nicht so schlecht ist.«

**Linke Seite**
*Blick durch die runden Fenster hinter dem Esstisch, die an große Bullaugen erinnern. Die Elbchaussee ist eine der vornehmen Wohnadressen in Hamburg, zwischen den Häusern liegen häufig noch alte Gärten.*

rauf angelegt hat. Er arbeitet lieber nach seinem eigenen Rhythmus, hat vier oder fünf Mitarbeiter in seinem Büro und sucht sich Projekte aus, die bescheiden, für ihn aber stimmig sind. Die Renovierung einer Schule, kleinere Mietshäuser, Einfamilienhäuser für Auftraggeber, die Vertrauen zu ihm haben … Sich ein eigenes Haus zu bauen bedeutete für den Architekten, der zuvor eine Wohnung an einem Hamburger Fleet hatte, ein neues Gefühl von Freiheit, bot ihm die Möglichkeit, ungehindert zu entfalten, was in ihm steckte. »Im Alter zwischen dreißig und vierzig«, so erklärt er, »hat man noch den Ehrgeiz, die Welt zu verändern. Über vierzig sagt man sich, dass eine kleine, eigene Welt zu schaffen – eine Welt, in der man sich selbst wieder erkennt – schon gar nicht so schlecht ist.«

Hartnäckigkeit, Arbeit und auch Glück waren nötig, um diesen Traum wahr werden zu lassen. An der Elbchaussee, der Straße der Reeder und reichen Kaufleute, ein noch unbebautes und bezahlbares Grundstück zu finden war Glück. Die Familie von Heinrich Heine hatte hier gewohnt, und im 19. Jahrhundert waren die reichen Reeder hinaus an das Hochufer und ins Grüne gezogen. Am Horizont konnten sie die vorbeiziehenden Schiffe beobachten. Das Grundstück, das Stöter ausfindig machte, diente als Parkplatz und war weniger als vierhundert Quadratmeter groß. Es war nicht einfach zu bebauen, da es an einer Ecke lag. »Es hat sich niemand dafür interessiert, weil man einen Architekten benötigte, um ein Haus darauf zu stellen. Die Stadt hat mir das Grundstück schließlich zu einem erschwinglichen Preis verkauft, unter der Bedingung, dass ich es für mich selbst nutze.«

Der Ärger mit den Behörden begann kurze Zeit später, als Stöter seinen Antrag auf eine Baugenehmigung einreichte. In der alten Hansestadt, die mehrmals zerstört und nach dem Zweiten Weltkrieg sehr schnell wieder aufgebaut wurde, wird in der

141

Architektur auf Zweckmäßigkeit, Nüchternheit und vornehme Zurückhaltung Wert gelegt. »Hamburg ist seit langer Zeit eine freie Hansestadt«, kommentiert Stöter. »Nie hat ein König den Bürgern hier seine eigenwilligen Architekturideen aufgezwungen. Die Leute sind deswegen sehr ängstlich.« Es dauerte schließlich zwei Jahre, bis Heinrich Stöter die Baugenehmigung für sein Projekt erhielt.

*Marion, die Ehefrau des Architekten, hat ihre eigenen Projekte in »E96«. Sie organisiert dort Ausstellungen und Seminare.*

»Im Rückblick hat mir diese Zeit nicht geschadet«, so erklärt er heute. »Ich wurde gezwungen, meine Pläne reifen zu lassen, sie zu überarbeiten, und jedes Mal kam ich mit einem noch radikaleren Konzept zurück. Die Leute waren hauptsächlich darum so schockiert, weil sie die Elbchaussee gar nicht richtig kannten. Wenn man im Auto entlangfährt, nimmt man nur eine Abfolge von gepflegten Altbauten wahr. In Wirklichkeit aber hat diese Straße eine ganz gemischte Bausubstanz. Da gibt es Altbauten aus dem 19. Jahrhundert, Wohnhäuser aus den 20er und 30er Jahren, architektonische Scheußlichkeiten aus den Sechzigern. Mit den Jahren ist daraus ein einigermaßen verträgliches Ensemble geworden. In fünfzig Jahren werde auch ich in diese Szenerie passen.« Man möchte ihm das gerne glauben.

Auch die Finanzierung musste geplant werden. Erster Schritt: Das Büro und die Privatwohnung sollten in dem Haus untergebracht werden, das stand von Anfang an fest. Außerdem aber sollten zwei Etagen für öffentliche Veranstaltungen genutzt werden, mit Stöters Ehefrau Marion als Kuratorin. Diese dachte zuerst an eine Kunstgalerie, nach ersten Versuchen aber verlegte sie sich auf die rentablere Vermietung als Tagungs- und Veranstaltungsort. Zweiter Schritt: Verschiedene Fabrikanten mussten davon überzeugt werden, sich an dem Projekt als Sponsoren zu beteiligen. Ein Modell des Gebäudes wurde angefertigt und verschickt. An die dreißig Hersteller – von Keramikwaren bis zu Fenstern – zeigten ernsthafteres Interesse und erklärten sich schließlich zu einem Preisnachlass bereit.

Bald interessierte sich auch die Presse für das Projekt, allen voran das Wochenmagazin *Stern*. Den Journalisten gegenüber hat Stöter stets die Kopplung von Technologie und Ökologie herausgestellt. Der große Regenschirm auf dem Dach seines Hauses? Dient dazu, das Regenwasser aufzufangen. Die Röhren an der Vorderseite, die wie die Flügel einer Windmühle angeordnet sind? Sollen das Wasser in der Sonne erhitzen. Die Solarzellen auf der Terrasse? Können eigenen Strom erzeugen und sind ein Protest gegen Atomkraftwerke. Inzwischen sieht er die Dinge wieder distanzierter. »Im Endeffekt kosten Wasser und Strom uns hier mehr, als wenn wir sie aus den städtischen Versorgungseinrichtungen beziehen. Und es ist nicht gesagt, dass die Umweltbilanz günstiger ist. Sagen wir lieber, der Regenschirm ist auf dem Dach, weil er mir gefällt.«

Dieses UFO, von dem man nicht weiß, wie es überhaupt auf die Erde gekommen ist, sträubt sich gegen eine Kategorisierung. Ist es postmodern? Oder dekonstruktivistisch? Oder gehört es zur Pop-Art? Der Architekt Heinrich Stöter lächelt. Rechnet sich selbst keiner Schule zu. Vielleicht liegt der Schlüssel zu diesem Bau dann in seiner Biographie. Hier in Hamburg aufgewachsen zu sein, in der Nähe des Hafens, wo immer Frachter, Schiffskräne, Taue und Ankerketten zu sehen sind, muss den Blick zwangsläufig prägen. Seine Frau bestätigt, dass die Mischung aus Fernweh und Schrotthaufen, die den großen Überseehafen ausmacht, auch heute noch auf beide eine große Faszination ausübt. Sie lieben diesen Ort, das Brachland, die vor sich hin rostenden alten Kähne. Am liebsten lassen sie sich dann von einem der Kapitäne auf einen russischen oder rumänischen Frachter einladen ... Darum also die Anspielungen auf den Hafen in »E96«, die Taue, die Ausbuchtungen und die spitzen Winkel der Räume, die runden Fenster, die an Bullaugen erinnern, und das Zimmer, das ins Freie geht wie die Kommandobrücke eines Hochseefrachters ... Stöter nimmt diesen Deutungsversuch wohlwollend zur Kenntnis, bestätigt ihn weder, noch wehrt er ihn ab.

Ein naiver Künstler? Ganz und gar nicht. Mit Facteur Cheval oder dem Wiener Künstler Hundertwasser will er keineswegs verglichen werden. Er ist Architekt, und das heißt: Er weiß sehr genau, welche Mittel er zu welchem Zweck einsetzt. »Dieses Haus ist nicht wie von selbst Stück für Stück gewachsen. Nichts wurde dem Zufall überlassen oder erst auf der Baustelle improvisiert. Alles hat seine genaue Funktion, in einem genau bestimmten Kontext. Ich habe alles bis in den kleinsten Quadratzentimeter hinein genau durchdacht.« Wahrscheinlich würde er sein Werk am ehesten als eine private Reise in ein Universum zwischen Poesie, Barock und Hightech bezeichnen.

Der Ort der Poesie jedenfalls ist die Kindheit. »Sagen Sie einem Kind, es soll Ihnen ein Haus malen. Es wird Ihnen das Dach grün machen, die Mauern schräg und alle möglichen Öffnungen hineinzeichnen. Erst durch die Erziehung verlieren wir diesen Blick. In meinen Projekten versuche ich, diesen Reichtum wiederzuerlangen.« Das Barocke besteht in einem gewissen Hang zur Überschwänglichkeit, gegen all jene gerichtet, die ein strenges Konzept haben. »Gerade in Deutschland möchte ich damit aber keinen Bezug zu der Gesellschaft, in der diese Ästhetik entstanden ist, hergestellt wissen. Die barocke Architektur wurde als Propagandainstrument gegen die Reformation eingesetzt.« Die Elemente des Hightech schließlich sollen mit moderner Technologie einem uralten Traum der Menschheit dienen: eine eigene Höhle zu haben. »Seit den ersten Menschen haben wir uns kaum verändert. Unser Grundbestreben ist es, eine warme Höhle zu haben, in der wir bequem und sicher unsere Frau und unsere Kinder unterbringen können.«

Seit kurzem ist das Haus von Heinrich Stöter auch auf dem Umschlag mehrerer Reiseführer abgebildet. Als Architektursymbol Hamburgs ist es fast schon dabei, dem Chilehaus den Rang abzulaufen. In den 20er Jahren erbaut, wurde das Chilehaus zum Inbegriff des Expressionismus und war zugleich Ausdruck des Kaufmannsgeistes der Stadt. In dem riesigen Gebäude aus dunkelbraunen Ziegelsteinen sind hunderte von Büros untergebracht. Der ganze Baukomplex ist eine endlos scheinende Wiederholung weißer Fenster und gerader Linien, ein geometrisches Gitterwerk. »E96«, ein Bau von vergleichbarer Bedeutung, ist das genaue Gegenteil.

*Blick von der Terrasse auf die benachbarten Häuser. »Im Sommer vergeht kaum eine Woche, in der wir nicht mit unseren Freunden eine große Grillparty veranstalten.«*

# NEW YORK

*Eine Welt in Weiß und Schwarz.*

**Apologie des leeren Raums**

# Bernard Tschumi

**1944** in Lausanne geboren
**1983** Parc de la Villette, Paris
**1988** Dekan der Hochschule für Architektur und Städtebau an der Columbia University, New York
**1997** Atelier für zeitgenössische Kunst, Tourcoing
**1999** Institutsgebäude auf dem Campus der Columbia University, New York
**1999** Hochschule für Architektur, Marne-la-Vallée

In New York hat er ein Loft. In Paris eine Wohnung gutbürgerlichen Zuschnitts. Zwischen beiden der leere Raum, acht Stunden mit dem Flugzeug, zwei bis drei Mal im Monat. Zufall? Bernard Tschumis Buch *Architecture et Disjonction* singt das Hohelied auf die Zwietracht zwischen den Formen und dem Raum. In der Reibung und gleichzeitigen Unentschiedenheit zwischen beiden Größen liegt für ihn die eigentliche Sprengkraft der Architektur.

Tschumi liebt die Pendelbewegung zwischen den beiden Metropolen. Für ihn ergänzen sie einander genauso selbstverständlich wie das Rot der »Folies« genannten Pavillons und das Grün des Rasens im Parc de la Villette in Paris, jener Anlage, die seine weitere Arbeit entscheidend geprägt hat. Was seine bürgerliche Person betrifft, hat er sowohl die französische als auch die Schweizer Staatsangehörigkeit. Dieser immer schon vorhandenen, ererbten doppelten Nationalität hat er seine eigene, ganz bewusste Deutung verliehen. »Ich bin für Heterogenität«, erklärt er entschieden. »Ich möchte nicht in irgendeiner Logik gefangen sein.«

Eine solche Haltung hat ihre Vorzüge. So kann er, wenn er in New York ist, sich vorbehaltlos auf die Regeln des Lebens dort einlassen. Mitte der 70er Jahre, als er von London nach Manhattan umgezogen ist, gehörte es in Künstlerkreisen gewissermaßen zum guten Ton, in einem aufgelassenen Lagerhaus in SoHo zu wohnen, und wenn möglich sollten die Räume freigelegte Stahlträger haben. Tschumi – Architekt und Dekan der Hochschule für Architektur an der Columbia University, Künstler und Intellektueller zugleich – zog nach SoHo. »Abgesehen davon kam es für mich einfach nicht in Frage, wie ein amerikanischer Durchschnittsbürger in einem Vorort mit Einfamilienhäusern zu leben. Ich bin in einer Etagenwohnung geboren, ich bin immer Treppen hochgestiegen oder mit dem Aufzug gefahren. In einem Haus, von dem aus ich direkt einen Garten betreten kann, fühle ich mich völlig fremd.«

**Linke Seite**
*Der Sohn des Architekten hat den Sonntag damit verbracht, ein Haus zu basteln. Der Apfel fällt nicht weit vom Stamm ...*

Heute ist SoHo schon wieder zu gepflegt und zu bürgerlich geworden, und die Gegend, die es jetzt zu erobern gilt, liegt weiter nördlich, auf der Seite von Chelsea. Nach und nach breiten sich Galerien und kleine Restaurants in dem Viertel aus, überall werden die Bauten saniert. Bernard Tschumi ist schon vor vier Jahren hierher gezogen. Er hat wieder Räume in einem alten Industriegebäude gefunden: eine ehemalige Druckerei, die von ihm in einen großen schwarz-weißen Raum verwandelt wurde, der fast leer ist. Die reine Idee eines Loft, sein Urbild. Ein stotternder Lastenaufzug führt direkt hinauf. Der Raum erschließt sich dem Blick sofort in seiner ganzen Länge. Ganz am Ende, am perspektivischen Fluchtpunkt, hat Bernard Tschumi Bücherregale aufgestellt, rechts und links davon befinden sich Türen aus mattiertem Glas.

Jenseits davon beginnt eine andere, kleine Welt mit »richtigen« Zimmern, einer ganz normalen Unordnung und sogar einer kleinen Küche. Es ist die Welt der Kinder, und sie entspricht eher den traditionellen Vorstellungen. Die Kinder selbst sind nicht darüber erfreut. »Was mich am meisten verblüfft hat, ist, dass sie ihre Hausaufgaben hier bei mir machen. Das eigene Zimmer, der abgeschlossene Raum ist vor allem für unseren Jüngsten eine Strafe.«

Der Architekt hat sich entschieden, so zu leben, in einem großen Gemeinschaftsraum, und darüber hat er nur selbst zu befinden. Aber es gibt für ihn auch Korrespondenzen zwischen der privaten Lebensform und seiner beruflichen Arbeit: Sein New Yorker Architekturbüro hat er nur zwei Etagen tiefer untergebracht, in einem ganz ähnlichen Großraum, der genauso nüchtern ist und keinerlei Trennwände besitzt.

Es geht um die Idee einer Tabula rasa, des vollkommen leeren Raums. Alles erfinden zu können macht für Tschumi das wahre Glück des Architekten aus. In jedem seiner Projekte hat er bisher auf der völligen Freiheit des schöpferischen Entwurfs beharrt. »In Amerika muss man dauernd kämpfen, um sich mit dieser Vorstellung durchzusetzen. Die Kunst- und Architekturkritiker wollen unbedingt, dass alles, bis ins kleinste Detail, eine genaue Bedeutung hat.« Er dagegen ist für den spontanen Einfall, die persönliche Note. Weitere Bedeutungsebenen bleiben versteckt, sollen die Dunkelkammer des Ateliers nicht verlassen. Kein Symbolismus, keine Metaphern und erst recht keine historischen Anspielungen, die für alle verpflichtend sein sollen. Der Architekt sagt, was er zu sagen hat. Es ist an den anderen, dies zu interpretieren.

Dies gilt auch für seine eigene Wohnung. Vom ursprünglichen Raum, den er in völlig unrenoviertem Zustand vorfand, hat er nur die blanke Hülle beibehalten, ein Rechteck von vierzehn Meter Breite und vierzig Meter Länge. »Von da ab war alles möglich«, erklärt er. »Ich hätte auch eine Wohnung im Stil von Haussmann einrichten können. Meine Nachbarn unter mir haben einen vergleichbaren Raum in ganz konventioneller Weise aufgeteilt. Für diesen Raum, in dem alles vorstellbar war, konnte ich ein Konzept entwerfen, das mich wirklich interessierte, und ich konnte es umsetzen, ohne Kompromisse eingehen zu müssen.«

*Die Tiefe des Raums zu betonen war das ausdrückliche Ziel des Architekten.*

# New York

## »Bedingungen schaffen für das Design – aber kein Design, das Bedingungen stellt.«

Das Konzept sah vor, die Längsachse des Raumes stärker zu betonen und darum das lang gestreckte Rechteck seitlich zu beschneiden. Auf der linken Seite geben große Fenster den Blick auf einen Horizont von Wolkenkratzern frei. Rechts befinden sich, in einer Flucht hintereinander, die Schlafzimmer, ein Arbeitszimmer, das Bad und die Küche.

Das erste Loft in SoHo war noch ohne jedes Zugeständnis an übliche Wohnformen. Es gab keinerlei Trennwände, und das Bett stand ganz in der

*Der Hauptraum sollte offen und leer bleiben. Schlafzimmer und andere Räume sind in den seitlichen »Logen« untergebracht.*

*Farbe durch die Kinderwelt.*

Mitte. Im jetzigen, zweiten Loft sind behutsam einige Rückzugsräume abgegrenzt. Der Wunsch, das Alltagsleben öffentlich zu verbringen, ist geblieben und wird von der Familie auch geteilt. »Wenn ich diese Einzelräume abgetrennt habe, dann nicht, um unsere Lebensweise zu verstecken, sondern weil ich in der Mitte mehr leeren Raum gewinnen wollte.« So entschieden das Konzept war, es brauchte doch die Zustimmung all derer, die nach diesen Prinzipien leben sollten.

»Beim eigenen Haus«, fährt Tschumi fort, »ist man im ersten Augenblick ganz erleichtert, weil keine Vorgaben eines Bauherrn zu berücksichtigen sind. Verhandlungen müssen aber trotzdem geführt werden – mit den anderen Bewohnern der Räume.« Familie und Mitarbeiter. Denn in der Anfangszeit war auch das Büro in dem Loft untergebracht, hinter den Glastüren, die jetzt ins Reich der Kinder führen. »Ich fühlte mich in dieser Gemeinschaft sehr wohl. Lange Zeit fragten wir uns trotzdem, wer von beiden, die Arbeit oder die Wohnung, schließlich den Sieg davontragen würde. Die Grenzen waren fließend. Der Zufall wollte es, dass unten ein großer Raum frei wurde. So hat die Wohnung schließlich gewonnen.«

*So wenig Möbel wie möglich, um genug Raum für das Leben selbst zu lassen.*

Auf Ungewissheiten setzen. Oder, wie er schreibt, »Bedingungen schaffen für Design – aber kein Design, das Bedingungen stellt«. Darin besteht seine ganze Philosophie. Heute beobachtet er mit der Lust eines Insektenforschers, welche Lebensformen sich im Parc de la Villette entwickelt haben. Boulespieler, Trommler, Jogger und Familien haben alle ihr eigenes Terrain gefunden, ohne einander in die Quere zu kommen. Mehr wollte er gar nicht. »Im Moment errichte ich ein Gebäude auf dem Campus der Columbia«, berichtet Tschumi, »es befindet sich gerade in der Endphase. Es handelt sich um zwei Gebäude mit genau definierten und baulich abgestimmten Funktionen, die untereinander durch ein System von Glasrampen verbunden sind. In diesem Zwischenraum, dieser offenen Zone wird sich alles abspielen: Die Studenten werden dort stehen bleiben, um zu diskutieren, so hoffe ich zumindest.«

Ähnlich verhält es sich mit seiner eigenen Wohnung. »Genau das ist es, was das einfache Loft hier mit meinen anderen Projekten verbindet. Der Wunsch, solche Zwischenräume zu schaffen, die erst zu dem werden, was man aus ihnen macht.« So erklärt sich auch der Minimalismus seiner Ästhetik. Die Möbel? Sind nicht sehr zahlreich, um den leeren Raum nicht zu verstellen. Vor allem aber sind sie bunt zusammengewürfelt. Einen einzigen Stil zu wählen, würde die Phantasie zu sehr eingrenzen und zu Stereotypen verleiten. Die Mauern? Von einem Weiß, das keinen Widerspruch duldet. »Ich hole gerne Malereien oder Zeichnungen hervor, um sie zu betrachten, aber ich will sie nicht den ganzen Tag um mich herum haben. Ich mag keinen gestalteten Hintergrund.« Die Gegenstände? Sind nichts als Schlacken eines abgelegten Lebens. »Ich habe keinen Sinn für fetischisierte Objekte. Ich habe die ganze Familie gegen mich aufgebracht, weil ich alle Erbstücke einem Antiquitätenhändler überlassen habe.«

Sogar der sparsame Einsatz von Farben wird der strengen Gestaltung unterworfen. »Für mich erfüllen Farben einen pädagogischen Zweck. Sie dienen dazu, Details hervorzuheben oder Strukturen zu verdeutlichen, und schaffen eine größere Intensität. In meiner eigenen Wohnung erschien mir dies unnötig. Es sind die Menschen, die Leben in sie bringen und ihr Farbe verleihen. Bücher, ein Blumenstrauß, ein Kleidungsstück ... Ich mag es, wenn mein Sohn seinen apfelgrünen Anorak auf diesen schwarzen Konferenztisch wirft«, erklärt Tschumi. Und fügt hinzu: »Ich will keiner dieser Architekten sein, die ästhetisch vollkommene Gebäude entwerfen und Menschen darin überflüssig werden lassen.«

»Die ganze Familie war aufgebracht, als ich die Möbel meiner Eltern einem Antiquitätenhändler überließ.«

**Eine gebaute Utopie**

# Oswald Matthias Ungers

*Rückkehr nach einem Arbeitstag.*

**1926**
in Kaisersesch/
Eifel geboren
**1957**
Mietshäuser in
der Mauenheimer
Straße, Köln
**1978**
Deutsches Architekturmuseum,
Frankfurt
**1983**
Wolkenkratzer,
Frankfurt
**1987**
Deutsche
Botschaft,
Washington
**1995**
Erweiterungsbau
der Kunsthalle,
Hamburg

In seiner Bibliothek, unter dem strengen Blick der Büsten von Danton und Robespierre, vollendet der Meister einen Entwurf. Reglos, eine Statue zwischen Statuen, Personifikation seiner selbst. Zwischen dem Mann und seinem Werk gibt es keinen Bruch, nicht die geringste Distanz ist spürbar. Nichts, was zur Schau gestellt wird, nicht einmal die kleinsten Spielereien sind erlaubt, nur ein Bedürfnis nach Strenge, das bis zum Äußersten getrieben wird. »Mit meinen eigenen Häusern«, so sagt er einleitend, »gelangen Sie direkt in das Herzstück meines Werks, erfahren Sie, woran mir am meisten liegt. Wenn ich heute drei unterschiedliche Wohnstätten habe, so ist dies nicht der Ehrgeiz eines Sammlers oder geschieht aus reinem Vergnügen. Ein einziges dieser Häuser zu bewohnen ist schwierig genug. Aber ich nutze jedes dieser Häuser als Laboratorium. Das ist für mich wichtig. Sie sind gebaute Theorie.«

Hier also, am Stadtrand von Köln, hat der berühmteste deutsche Architekt der Nachkriegszeit die meiste Zeit seines Lebens verbracht und sein ganzes Werk geschaffen. Zwei Häuser, die einander beinahe gegenüberstehen. Das eine stammt aus seiner Anfangszeit als Architekt, vor mehr als vierzig Jahren erbaut, das andere wurde erst 1996 fertig gestellt. Seine dritte Wohnstätte ist ein Wochenend- und Ferienhaus auf dem Land, in der Nähe von Trier, wo Ungers auch geboren ist.

Ende der 50er Jahre baute der Architekt das erste Mal für sich selbst. Köln hatte sich noch kaum aus seinen Schutthaufen wieder erhoben. Ungers arbeitete im Büro des berühmten Egon Eiermann und hatte bereits an die zwanzig Projekte, Sozialwohnungen vor allem und Einfamilienhäuser, eigenständig durchgeführt. »Wenn ich ehrlich bin, habe ich immer nur für mich selbst gebaut«, gesteht er

**Linke Seite**
*Die Form des Quadrats taucht in allen Stockwerken des Hauses wieder auf, bis hin zum Schwimmbad im Untergeschoss.*

*»Il Duce« – Büste mit Anagramm vor. Euklid.*

heute. Damals war Oswald Mathias Ungers gerade dabei, sich einen Namen zu machen. Er verwendete massive Materialien wie Beton oder Ziegel, setzte auf die reine Wirkung der Baukörper ohne jede Dekoration und wurde einer Schule zugerechnet, die in ganz Europa Verbreitung gefunden hatte, dem so genannten Brutalismus. Sein eigenes neues Wohnhaus wird später als das entschiedenste Manifest des Architekten in dieser Richtung betrachtet.

Zur Straßenseite hin ist das Haus geradezu eine Ohrfeige für den bürgerlichen Geschmack. Ungers

*Das erste Haus, das sich Ungers als junger Architekt gebaut hat. Er hat daran bis heute nichts verändert.*

wollte demonstrieren, dass die unmittelbare Umgebung, hier traditionelle Wohnhäuser, keinen Einfluss haben durfte, dass es ausreichte, als Architekt gut zu arbeiten und an die eigenen Bauten zu glauben. Die Fassade besteht ausschließlich aus ineinander geschachtelten, vor- und rückspringenden Würfeln, die die Anordnung der Räume zeigen. Keine Fenster, dafür ein Rhythmus von geschlossenen und offenen Flächen. Sichtbeton und unverputzt gelassene Ziegelsteine, die trotz aller Brüche einen einheitlichen Eindruck des Gebäudes vermitteln.

Hinter der schweren Metalltür öffnet sich ein kleines Universum. Bei Ungers ist nicht mehr die Rede von Fluren oder verglasten Galerien, sondern von »Straßen« innerhalb des Gebäudes. Er gebraucht mit Absicht ein städtebauliches Vokabular. Ein Haus ist für ihn eine Stadt in der Stadt, ein Mikrokosmos für sich, in dem Arbeit und Leben untrennbar miteinander verknüpft sind. »Lange Zeit ging es hier zu wie in einem Familienbetrieb. Ich arbeitete im Erdgeschoss, in den darüber liegenden Räumen haben wir gewohnt.« Auch später herrschte zwischen dem Wohnhaus in Köln und dem Büro in Berlin ein reger Austausch; zu seiner Hauptzeit beschäftigte Ungers mehr als sechzig Mitarbeiter.

1989 hat Ungers einen fensterlosen Kubus aus Vulkangestein angebaut, auf einer Grundfläche von sechs mal sechs Metern und von Mauern umgeben. Diese Festung, in der er zwei Ebenen eingezogen hat, ist die Bibliothek. Ein schwarzes Quadrat auf weißem Grund: Die Anspielung auf den Klassiker der modernen Abstraktion ist offensichtlich und gewollt. Aber noch ist Ungers von einer radikalen Nüchternheit in seinen Räumen weit entfernt. Vor den Bücherregalen sind Modelle von Parthenon und Pantheon platziert, ein Abguss der Nike von Samothrake, Gemälde, auf denen eine idyllische, heitere Antike zu sehen ist …

Dieses museale Sortiment, dieser Trödel könnte leicht für Kitsch gehalten werden, wäre die Anordnung nicht so streng geometrisch. Ungers holt zu einer Erklärung aus. »Nichts in diesem Zimmer ist willkürlich gewählt. Anders als Sie vielleicht meinen, ist mein Interesse nicht historisch. Wonach ich suche, sind die Archetypen, die hinter den einzelnen Formen stecken. Ich bewundere das unglaubliche Werk desjenigen, der in tausendfachen Versuchen den einfachen spitzen Hut eines Bauern in den dreieckigen, geometrischen Giebel des Par-

## »Jede Art von Dekor lehne ich ab. Ich suche nach den Archetypen, die hinter den einzelnen Formen stecken.«

thenon verwandelt hat. Ich habe versucht, diese ganz wesentliche Suche nach Einheit hier vorzuführen. Im Hof, zum Beispiel, haben Sie wirkliche Säulen, im Innern dann eine Säule aus Neonröhren, gegenüber ihr Bild im Spiegel und so weiter …«

Es geht dem Architekten um die Einheit in der Vielfalt; darum, das ganze Formenspektrum der Welt auf ein zugrunde liegendes Prinzip, auf eine einfache Harmonie zurückzuführen. Er weiß selbst, dass er ein nie zu erreichendes Ideal anstrebt, und dennoch ... Ungers fährt in seinen Erläuterungen fort, gibt ein Beispiel, das illustrieren soll, welche Bedeutung er dem Raum zumisst. »Hinter dem Gerippe der Bibliothek, der reinen Form eines Kubus, der hier als Gerüst fungiert, befinden sich die Regalreihen mit den Büchern. Hier sind alle wichtigen Ideen der zeitgenössischen Architektur gespeichert. Dann kommt der schwarze Stein, danach die Ziegelsteine der Galerie, die den Kubus umläuft, schließlich die Außenmauern, die angrenzenden Häuser, die Straßen, die Stadt ... Sie können, wenn Sie so wollen, die Auflösung der Form in verschiedene Schichten der Wirklichkeit beobachten oder, wenn Sie die Blickrichtung wechseln, die Verdichtung des Realen zu einer einzigen, idealen Form.«

Und die aufgereihten Büsten der Revolutionäre? Eine Hommage an das Zeitalter der Aufklärung, an jene Männer, die sich für die Idee der Vernunft begeisterten und versuchten, ihre Ideale zu verbreiten. Die ganze Dialektik des Wirklichen.

»Als ich mein erstes Haus entworfen habe«, so Ungers weiter, »war ich noch ein junger Architekt. Ich wollte beweisen, was ich alles konnte, und habe alles hineingepackt. Es steckt letztlich voller Ausschweifungen. Mein neues Haus ist genau das Gegenteil. Es ging darum, jede Emotion, jedes spezifische Vokabular, alle historischen Anspielungen

*Architektur als streng geometrische Komposition. Zwischen Türen und Fenstern ist kein Unterschied festzustellen, die Symmetrie ist perfekt. Nichts, was das makellose Weiß der Fassade stört.*

und erzählerischen Elemente wegzulassen, um zum Wesentlichen zu gelangen. Es handelt sich um ein Haus ohne Eigenschaften, im Sinn von Robert Musils *Mann ohne Eigenschaften*. Eine völlig abstrakte und bewusst kalte Vorstellung.« Zwischen den beiden Häusern liegen dutzende von größeren Projekten, hunderte von Wohnungen, der Bau der Deutschen Botschaft in Washington, Museen, Institute, ein Hochhaus in Frankfurt, alles, was ihn zum offiziellen Vertreter der Architektenzunft in Deutschland hat werden lassen. Seine Bauten wurden nach und nach immer strenger, immer nüchterner und die Farbe immer heller bis hin zu strahlendem Weiß. Der Neubau der Kunsthalle in Hamburg schließlich ist ein makelloser weißer Kubus, dessen Formstrenge durch nichts getrübt wird. Ganz wie sein eigenes neues Haus.

»Der Grundriss«, erklärt er, »könnte klassischer nicht sein. Eine Haupthalle, flankiert von zwei Flügeln. Dieses Schema ist bereits tausendfach ver-

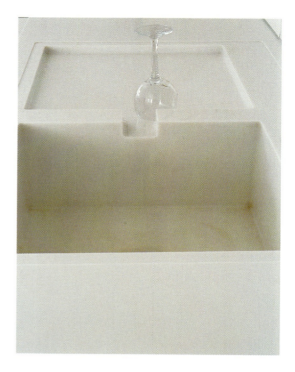

*Nach dem Arbeitstag gönnt sich das Ehepaar Ungers jeden Abend ein Glas Rotwein. Besten Bordeaux.*

wendet worden, in der Renaissance von Palladio genauso wie Mitte dieses Jahrhunderts von Mies van der Rohe.« Bei Ungers kommen noch Anregungen durch den Wiener Architekten Hoffmann hinzu und durch Schinkels Pavillon im Park von Schloss Charlottenburg. Er macht keinen Hehl daraus: »In der Architektur wird nichts erfunden«, so erklärt er. »Man macht Entdeckungen. Ich habe den Grundriss von Schinkel wieder hervorgeholt und habe ihn von jedem dekorativen Element befreit.«

Um Einlass in diese reine Welt der Ideen zu erhalten, muss zuerst noch eine Probe bestanden werden. Es gilt, unter einer Pergola eine Allee zu durchschreiten, die nirgendwo hinführt, an der jedoch drei Bronzebüsten aufgestellt sind. Darunter die Anagramme dreier Namen, die den Schlüssel zum Denken von Ungers enthalten. Erst wer sie zu entziffern weiß, darf das Innere des Hauses betreten. Es handelt sich um Sokrates, Euklid und Piranesi.

Das Haus. Wie der andere Bau von einem Schutzwall umgeben, keine Mauer diesmal, sondern Bäume und Gebüsch. Weiß. Von einem so unwahrscheinlichen Weiß, dass es in nichts mehr an natürliche Dinge erinnert. Kein Sockelgeschoss, kein Gesims, nicht die geringste Spur von Dekor, kein sichtbares Dach. Nichts unterscheidet die beiden Geschosse voneinander, auch keine Eingangstür. Jeweils vier Öffnungen, das ist alles. »Nichts bewegt sich«, sagt Ungers, »nichts ist versteckt, verschleiert, im Dunkeln verborgen. Es gibt nichts zu erklären und

*Die feinen Linien an der Wand sind wichtige Kompositionselemente. Sie sind die elementaren Module der geometrischen Ordnung.*

*An einer Wand ist der Satz des Pythagoras aufgezeichnet, an anderer Stelle der Goldene Schnitt. Basis der Architektur.*

nichts zu interpretieren. Die Dinge sind, wie sie sind, und sie wollen nichts anderes sein.«

Im Innern sind alle Räume gleich, abgesehen von der Haupthalle, die sich über beide Stockwerke erstreckt. Unterschiede zwischen den Zimmern entstehen lediglich durch ihre Funktion. Im Souterrain, in dem sich ein Schwimmbad befindet, sind die Wände alle mit einem monochromen Putz in gebrochenem Weiß überzogen, einem Gemisch aus Stuck und Kalk. Die Möbel, die der Architekt selbst entworfen hat, sind einheitlich schwarz. Links von der Halle, die als weitere Bibliothek dient, befindet sich die Küche. Rechts der Wohnraum. Unter dem Wohnraum liegt das Schlafzimmer der Ehefrau. Unter der Küche das von Ungers selbst. Hier ist erneut ein Modell des Parthenons angebracht, um vor dem Einschlafen die Träume passend einzustimmen.

## »Ich führe ein sehr geordnetes Leben, zwischen meinem Arbeitshaus und meinem Wohnhaus. Ich verreise nur selten.«

Im Wandputz sind Gravuren des Meisters zu entdecken. Im Wohnraum der Satz des Pythagoras. Darüber der Goldene Schnitt. In der Küche eine Horizontale und eine Vertikale in Rot, die sich kreuzen. Leon Battista Alberti hat gesagt, dass in ihrem Schnittpunkt der Anfang aller Architektur liegt. Oswald Mathias Ungers stimmt zu. Dies hier ist sein Ideal, eine perfekte Geometrie, in der vom Boden bis zur Decke nichts dem Zufall überlassen bleibt, kein Tischbein und kein Türknopf.

Die einzigen Ausnahmen hiervon, die einzigen Gegenstände, die er zulässt, sind antike griechische

*Das Bett des Architekten.*

Fundstücke und Bücher. Aber nicht irgendwelche: Es handelt sich um äußerst seltene Exemplare aus der Renaissance, Bände mit Plänen von Piranesi, eine Originalausgabe von Ledoux, bei der Ungers hervorhebt, dass es sie in Deutschland kein zweites Mal gibt. Die französischen Revolutionsarchitekten sind seine jüngste Entdeckung.

Er öffnet eine Flasche Wein. Für gewöhnlich ist dies ein Ritual, das er sich und seiner Frau vorbehalten hat, wenn beide ihren Arbeitstag beendet haben. Dann verlässt das Ehepaar das alte Haus, in dem alles noch an seinem Platz geblieben ist. Wo auch seine Frau ihr kleines Arbeitszimmer behalten hat, und wo sie schreibt. Wohnt er nun hier oder dort, er weiß es nicht zu sagen, weigert sich, sein Leben in einzelne Abschnitte zu zergliedern. Sein Büro, das früher sein Wohnhaus war, ist das Haus,

*Vom Bett aus blickt Ungers auf ein Modell des Parthenons. »Auch eine Art von Fernseher. Ich brauche jeden Abend den Blick darauf, bevor ich einschlafe.«*

**Rechts**
*In der Bibliothek stehen Originalausgaben aus der Renaissance, aber auch Bände von Claude-Nicolas Ledoux.*

*Der angebaute Bibliothekssaal, ein Kubus von sechs Meter Seitenlänge, ist ausschließlich mit Architekturbüchern bestückt.*

in dem er tagsüber wohnt, das ist alles. »Am Abend«, so erzählt er, »begeben wir uns beide hierher. Seit ich nicht mehr in den Vereinigten Staaten zu tun habe, führe ich ein extrem geordnetes Leben.« Das dunkle Rot des Bordeaux passt hervorragend zur Anordnung der Farben und Formen. Fast kommt der Verdacht auf, dass er den Wein auch deswegen gerne trinkt.

Er spricht schließlich von seinem Leben in diesen Räumen. Der Alltag ist in diese gebaute Utopie wohl integriert. Es gibt sogar eine Waschmaschine, Wandschränke, Abstellkammern. Sie verschwinden in den dicken Wänden, bleiben unsichtbar. Der Innenraum bleibt völlig frei von solchen prosaischen Elementen. Überall reine Architektur.

Allerdings sind da noch die Enkelkinder, die von Zeit zu Zeit auf Besuch kommen. »Ich fühle mich dann wie ein Tier, das vor die Scheinwerfer eines Wagens geraten ist. Wie erstarrt. Ich kann mich nicht mehr bewegen. Ich warte nur noch darauf, dass etwas zerbrochen oder beschmutzt wird. Für die Kinder, das muss ich zugeben, ist dieses Haus deutlich unbequemer als das andere.«

Beim Rückweg durch das Haus, das er sich als junger Architekt gebaut hat, bleibt er für einige Sekunden nachdenklich im Innenhof zwischen den römischen Säulen stehen. Der Ort erinnert an ein Peristyl, einen Kreuzgang oder auch einen Patio. Auch ein eigenartiger Kamin befindet sich dort, dessen Rauchabzug mit einer Art Schießscharte versehen ist. Er langt mit seiner Hand vorsichtig in das Innere hinein. »Spüren Sie das Siegel? Ein Freund hat es mir geschenkt. Jedes Jahr an meinem Geburtstag überprüfe ich, ob das eingeprägte Muster auf dem Ziegel gleich geblieben ist. Ich wäre äußerst betrübt, wenn ich eines Tages irgendeine Veränderung feststellen müsste. Ich liebe das Beständige. Was sich verändert, ist mir zutiefst zuwider.«

# PHILADELPHIA

*Schon an der Universität waren sie zusammen ...*

**Zwischen Chaos und Ordnung**

# Robert **Venturi** und Denise **Scott Brown**

**1925**
in Philadelphia geboren
**1962**
Haus für Venna Venturi, Chestnut Hill, Philadelphia
**1972**
Veröffentlichung von *Lernen von Las Vegas*
**1976**
Basco Showroom, Philadelphia
**1991**
Pritzker-Architekturpreis
**1991**
Sainsbury Wing der National Gallery, London
**1992**
Kirifuri Resort, Nikko

Hinter der Verandatür, am Ende einer Allee, die zu dem Haus wie zu einem Schloss hinführt, wartet ein Willkommensgruß: der von McDonald's. »Welcome« steht in Leuchtbuchstaben geschrieben, darüber das fast gotisch anmutende, strahlend gelbe M des amerikanischen Fast-Food-Giganten. Hinter den Neonröhren ist eine Mickymaus aus Plastik zu erkennen. Erst der Hamburgerkönig, dann Walt Disney. Keine Frage, dass später im Wohnzimmer Coca-Cola auftauchen muss. Tatsächlich thront dort eine riesige, altmodische Flasche neben einem Pappmaché-Kaktus aus Arizona.

Der Hausherr ist dennoch kein überzeugter Chauvinist. Von einem sehr pariserischen Plakat, aus den wilden 20er Jahren, blickt Mistinguett herunter auf eine Stoffpuppe. Ein leichtes Lächeln lässt sich nicht verkneifen. Robert Venturi ist daran gewöhnt und nimmt dies nicht als Beleidigung. Er holt aus dem Wohnzimmer sein jüngstes Fundstück, einen scheußlichen Eisbehälter, als Kürbis verklei-

det. Halloween made in Taiwan. Eine Rarität, die er sorgfältig aufbewahrt – zwischen einem Original von Andy Warhol, einer Tiffanylampe, einem Sofa, das ein Familienerbstück ist, und Souvenirs aus verschiedenen Jahren.

Der Mann hat einen trockenen Humor und wirkt dabei ernst. Den Blick anderswohin gerichtet, die Hände immer in Bewegung, als wollte er mit den Gesten in der Luft zeichnen, rechteckige Brille, Hemden ausnahmslos in hellem Blau, grauer Anzug. Wer die Welt um sich herum ständig in Bewegung halten will, muss selbst einen festen Ruhepunkt bieten. Venturi muss viel arbeiten. »Es ist zehn Jahre her, dass ich mitten am Tag an diesem Wohnzimmertisch gesessen bin. Normalerweise bin ich um diese Uhrzeit immer im Büro, Samstag und Sonntag eingeschlossen.« Bleiben also die Abende. Aber seit der Sohn aus dem Haus ist, spielt sich das Familienleben hauptsächlich in der Küche ab, vor einem wenig spektakulären Fernsehgerät. »Wenn

**Linke Seite**
*Vor ihrem Haus, das um die Jahrhundertwende erbaut wurde, haben Robert Venturi und Denise Scott Brown einen alten Benzintank aufgestellt. Ein erstes Signal.*

ich daran denke, dass unser Sohn, als er noch klein war, beim Essen nie fernsehen durfte ...«

An Robert Venturis Seite ist immer auch seine Frau zu finden. Denise Scott Brown, die aus Südafrika stammt, ist für die meisten seiner Projekte mitverantwortlich. Was genauso für die Inneneinrichtung des eigenen Hauses gilt. Erstaunen darüber, dass man dies zu zweit so weit treiben kann. Es muss doch Diskussionen und Kompromisse gegeben haben. Keineswegs: »Als wir uns kennen lernten, es war 1960 im Hörsaal der University of Pennsylvania, wurden Bob und ich sofort zu Komplizen. Wenn er mir etwas zeigte, sagte ich schon damals zu ihm: Das kann ich besser, das habe ich aber auch schon schlechter gesehen. Seither sind wir unseren Weg miteinander gegangen.«

Der erste Synkretismus: sich anzueignen, was Philadelphia an Bautraditionen zu bieten hatte, und das waren hauptsächlich zwei Strömungen – in unterschiedlichen Epochen entstanden, stehen sie für zwei völlig entgegengesetzte Auffassungen von Architektur. Frank Furness aus Philadelphia, auf der einen Seite, hinterließ seiner Heimatstadt eine Reihe öffentlicher Bauten in einem überladenen Zuckerbäckerstil. Auf dem Universitätscampus errichtete er eine Bibliothek, mit deren Renovierung

*Der weitläufige Garten ist noch so erhalten, wie er ursprünglich angelegt wurde.*

**Rechte Seite**
*Nicht nur Provokation, sondern auch Beweisstück: Venturi vertritt eine Ästhetik, die sich nicht um guten oder schlechten Geschmack kümmert.*

*Reisesouvenirs und teures Design finden nebeneinander ihren Platz.*

später Venturi beauftragt wurde. Auf der anderen Seite Louis Kahn, der ebenfalls in Philadelphia ansässig war. Vertreter des modernen Bauens par excellence, Prediger des Minimalismus, ein Meister des Backsteinbaus. Vor eine Entscheidung gestellt, beschloss das Paar beide Ästhetiken gelten zu lassen. Was zu jener Zeit, noch in den Studienjahren, die gewagteste Alternative war.

Venturi und seine Frau wissen sehr wohl, was alle ihre scharfen Formulierungen, ihre provokanten Gesten, ihre lautstark proklamierte Vorliebe für den »schlechten« Geschmack sie gekostet haben. »Für den ›schlechten‹ Geschmack? Wie kann man

»Der gute Geschmack ist Ausdruck einer bestimmten sozialen Klasse. Schönheit an sich ist ein Abfallprodukt. Man kann Ketchup mögen und zugleich die Kunst des Zen.«

heute noch dieses Attribut gebrauchen, nach der ganzen Pop-Art? Der gute Geschmack ist Ausdruck einer bestimmten sozialen Klasse. Schönheit ist ein zweckloses Abfallprodukt. Ja, man kann Ketchup, Bungalows und Tankstellen lieben, zugleich aber japanischen Zen und Palladio. Die industrielle Revolution musste erst vorbei sein, bevor die Archi-

# PHILADELPHIA

tekten die Schönheit von Fabriken in ihre Bauten übernommen haben. Wollen wir warten, bis auch der Handel tot ist, bevor wir die Schönheit einer Neonschrift oder eines Supermarkts entdecken?«

Leicht gesagt, aber schwer in die Tat umzusetzen. Robert Venturi wurde zwar sehr bald zum unumstrittenen Vorbild einer ganzen Generation, musste jedoch lange warten, bis er seine größten Projekte verwirklichen durfte und wichtige Auftraggeber überzeugen konnte. Inzwischen ist er mit Aufträgen verwöhnt. Die berühmtesten amerikanischen Universitäten reißen sich um ihn. Ein Hotel in Japan steht kurz vor der Fertigstellung, und in

*Auch dieses Bild, eine südamerikanische Städtelandschaft, ist ein Erinnerungsstück einer Reise. Imaginäre Einsichten in fremde Welten haben es dem Architektenpaar angetan.*

ROBERT **VENTURI** UND DENISE **SCOTT BROWN**

# PHILADELPHIA

Toulouse baut er den Sitz der Départementsvertretung. Aber nach wie vor erntet er auch heftige Kritik, und die Proteste lassen nie lange auf sich warten. Der Erweiterungsbau der Londoner National Gallery, der Sainsbury Wing, etwa provozierte jenen legendären Wutausbruch von Prince Charles, bei dem dieser sich dagegen verwahrt wissen wollte, dass durch abgeschnittene Giebel oder in keiner Säulenordnung verzeichnete Pilaster die klassische Architektur lächerlich gemacht wurde. Venturis Antwort: »Wenn die britischen Kritiker meinen Entwurf nicht mögen, bedeutet das nicht zwangsläufig, dass er auch gelungen ist ...«

Venturi hat gelernt, polemischen Kritiken mit Distanz zu begegnen. Er weiß genau, was er mit seinen ironischen Spielereien will. Kein einziges seiner Projekte ist nicht zugleich theoretisches Programm, ein architektonisches Manifest, dessen Einzelheiten wohl überlegt sind. Das gilt erst recht für sein eigenes Haus. Was wie willkürlich zusammengewürfelt wirkt, hat dort seinen genauen Platz. Ist

*Holzvertäfelung und Einbauschränke gehören zur originalen Einrichtung der Jugendstilvilla. Die Namen der großen Vorbilder hat Venturi hinzugefügt.*

*Mit altmodischer Schablonenmalerei verzierte Wände, davor ein Original von Roy Lichtenstein.*

zusammengestellt, um von dem einen oder dem anderen Sessel aus betrachtet zu werden, in Momenten schwebender Aufmerksamkeit und Träumerei. Die Gegenstände wurden wegen ihrer inneren Kraft ausgesucht. Und auch danach blieb nichts dem Zufall überlassen bei dieser unwahrscheinlichen Begegnung von Relikten aus der Spielzeugwelt mit der Leinwand eines Meisters.

Ein monumentaler Treppenaufgang führt zu einer Reihe römischer Veduten, die ein Lenin-Porträt umrahmen. Es ist nur zu erahnen, wie viele Bedeutungsebenen und Bezüge in diesem Haus aufeinander prallen. Ein unverhoffter Hinweis erfolgt dort, wo man ihn am wenigsten erwartet hätte: »Finden Sie nicht, dass das Haus und die Einrichtung sehr an Charles Rennie Mackintosh und an den deutschen Jugendstil erinnern?« Tatsächlich gibt es einige dunkle Holzvertäfelungen, verschiedene lang gestreckte Formen, Kaminverkleidungen und Bibliotheksregale im Stil des schottischen Designers. »Das ist kein Zufall«, fährt Venturi fort. »Der Architekt Milton F. Madery hat dieses Haus Anfang des Jahrhunderts für einen Deutschen gebaut. Es ist das einzige Gebäude, das er in diesem Stil entworfen hat. Aber nicht deswegen gefiel es uns auf Anhieb so gut. Sondern weil es den Geruch eines richtigen alten Hauses hatte.«

Das war 1972. Robert Venturi war zehn Jahre zuvor mit einem Wohnhaus berühmt geworden, das er für seine Mutter Vanna auf der Anhöhe von Chestnut Hill in Philadelphia errichtet hatte. Ein Bau aus Beton und Glas, der traditionelle Elemente des typischen amerikanischen Einfamilienhauses aufgreift, diese jedoch verzerrt und überdimensioniert. Ein Klassiker der modernen Architektur.

Für sich selbst aber hat der Architekt einen anderen Weg gewählt. Er hält sich an schon vorhandene Stilmerkmale. Nichts wird nach außen gekehrt, alles spielt sich innen ab. Keine architektonischen Eingriffe im engeren Sinn, jedoch eine Fülle von neuen dekorativen Elementen, die schließlich auch die Architektur selbst verändern.

*Lernen von Las Vegas* erschien vor dreißig Jahren. Das Buch schlug ein wie eine Bombe. Zum ersten Mal schrieb ein Repräsentant der Bildungsschicht von der Schönheit der Neonschriften, der Werbeplakate und der übrigen Delirien einer Freizeit- und Spaßgesellschaft. Sein anderes Manifest trug ebenfalls einen viel sagenden Titel: *Komplexität und Widerspruch in der Architektur*. Die Thesen waren einfach, aber schockierend. Warum nicht Widersprüche vereinen, statt sie wechselseitig auszuschließen? Warum Palladio vergessen, um ausschließlich Le Corbusier zu feiern? Warum unter dem Vorwand der Modernität die Geschichte strikt

*Allan d'Arcangelo fertigte das Bild mit dem Pfeil, das Venturi auch in* Lernen von Las Vegas *erwähnt und wie folgt erläutert: »Bei manchen Kreuzungen muss man rechts abbiegen, um nach links zu kommen.«*

ablehnen? Warum nicht Fülle anstelle eines strengen Minimalismus? Venturi drehte die berühmte Losung von Mies van der Rohe »Less is more« tollkühn um und erfand ein neues Prinzip, mit dem er Furore machte: »More is not less«.

In Amerika wurde dies zum Anfang der Postmoderne. Jene Vermengung von historischen Zitaten und begeistert gefeierter Modernität sowie deren kommerzieller Erfolg war überwältigend. Venturi lehrt heute noch jegliche Kategorisierung ab: »Ich habe eben den fünfzigsten Jahrestag meines ersten Besuchs in Rom gefeiert, mit allen Gefühlen, die dazu gehören. Und ich liebe immer noch Las Vegas.«

Robert Venturi ist in Philadelphia geboren und wohnt auch heute noch dort. Seine Eltern waren Einwanderer aus Italien. Diese beiden Details seiner Biographie sind nicht unwichtig. Denn er ist mit der Kultur Europas aufgewachsen. Sein Wohnort Philadelphia aber ist eine wichtige Stätte amerikanischer Geschichte. Benjamin Franklin hat hier die amerikanische Unabhängigkeitserklärung verlesen. Die Quäker starteten hier ein für das ganze Land ungewöhnliches Unternehmen. Unter William Penn gelang es ihnen, in völliger Harmonie mit den Indianern zu leben. »Philadelphia«, das heißt wörtlich übersetzt »Stadt der allumfassenden Liebe«. Ein Traum, der geradezu postmodern klingt, auch wenn der Architekt selbst nicht gerade voller Begeisterung von seiner eigenen Stadt spricht. »Es ist praktisch, hier zu leben. Der Flughafen ist ganz in Ordnung, man kommt von dort überall hin. Und da Philadelphia eher langweilig ist, kommt auch kaum jemand auf Besuch. Man hat genug Zeit für die Arbeit.«

In seinem eigenen Haus jedenfalls beschloss Venturi, dass alles möglich sein sollte. Und ging sogar so weit, die verträumt altmodische Atmosphäre des Anwesens noch zu verstärken. Durch die verglasten Türen und ihre bleiumrahmten Scheiben blickt man auf den Park. Rasenflächen, Wege, kleine Baumgruppen. Der Architekt hat an einer einzigen Stelle eingegriffen und eine Palme gepflanzt – aus Plastik. Offiziell befindet man sich noch in der Stadt. Aber ringsum stehen nur noch ruhige Einfamilienhäuser. Weiter hinten in dem kleinen Tal verläuft ein Fluss. Er fließt durch Schluchten, stürzt sich als Wasserfall die Felsen hinab und verläuft dann hinunter zur Stadt. Ein Lieblingsort berühmter amerikanischer Dichter, darunter auch Edgar Allan Poe. »Außerdem ist es eines der wenigen Wohnviertel in den Vereinigten Staaten, wo Schwarze und Weiße in guter Nachbarschaft zusammenleben«, erläutert Venturi.

Auch hier also die Suche nach Vielfalt, nach größtmöglicher Offenheit. Der Blick gleitet im Innern des Hauses erneut über das Durcheinander, das in Wirklichkeit keines ist. Ein Sessel mit kariertem Überzug, Töpferwaren, eine Schneekugel, ein Sofa aus der Zeit der Jahrhundertwende, das wirkt, als stamme es aus einem alten Hotel. Auf einem Fries im Esszimmer finden sich in roten Lettern die Namen der großen Vorbilder: Michelangelo, Borromini, Beethoven ... Das alles wirkt heiter, durchaus gebändigt. Chaos oder Ordnung? Das ist hier die Frage. »Hinter der scheinbaren Ordnung die Unordnung hervorzukehren, darin besteht unsere Arbeit. Wir sind Manieristen. Wir geben vor, die Ordnung zu lieben, tun dies aber nur, um sie besser zerstören zu können. Aber wir versuchen auch, in der Unordnung eine Ordnung zu finden.«

**Links**
*Die Hemden sind alle nach dem gleichen Schnitt gefertigt ... Wer die Welt um sich herum in Bewegung halten will, muss selbst einen festen Ruhepunkt bieten.*

**Rechte Seite**
*Lenin, umrahmt von römischen Veduten. »Ich bin kein Kommunist. Was mich interessiert, ist die Schockwirkung.«*

# SHOEI YOH

*Spiel mit den Stimmungen des Lichts.*

**Ein Haus in der Schwebe**

# Shoei Yoh

Der Sturmwind, der dort bläst, kann fürchterlich sein. Aber die Bewohner der Halbinsel Itoshima kennen sich in ihrer Geschichte aus. Für die Japaner ist es ein heiliger Wind. Es ist das Jahr 1274: Die Mongolen, die schon Korea und einen Teil von China erobert haben, fallen in Japan ein. Sie gehen in Itoshima an Land, an einer Felsenküste mit vielen kleinen Buchten und Stränden. Die Samurai sind geschlagen, das Land ist in höchster Gefahr. Da rufen die Mönche die Götter an, und die Götter erhören das Gebet. Ein gewaltiger Sturm kommt auf. Die Fluten versetzen die Angreifer in Furcht und Schrecken, und die Mongolen verlassen überstürzt die Insel. Sieben Jahre werden sie brauchen, um sich von ihrem Schrecken zu erholen. Als sie vergessen haben, was ihnen widerfahren ist, kehren sie zurück. Vergebens. Diesmal ist es ein Wirbelsturm, der ihre Flotte aufhält. Ein weiteres Mal werden sie von der Natur zurückgeschlagen, die eine Art Festungswall um die Insel bildet. Um die wundersam rettende Naturgewalt zu ehren, haben die Japaner dem Taifun einen besonderen Namen gegeben: Sie nennen ihn »Kamikaze«, Götterwind.

Shoei Yoh hat eines Tages so getan, als habe er den Wetterbericht nicht gehört. In seinem Haus, das an der Felsenküste zwischen Himmel und Wasser hängt, hat er einen Tag dem Taifun widerstanden. Ein freiwilliger Gefangener, den tosenden Elementen ausgeliefert, am Ende der Welt. In der Gischt der heftigen Böen wurden Wasser und Luft un-

**1940**
in Kumamoto geboren
**1989**
Gasmuseum, Saibu
**1990**
»Die Pyramide des Meeres«, Fährschiffhafen von Misumi, Kumamoto
**1993**
Aussichtsturm »Prospecta '92«, Toyama
**1993**
Tankstelle in Oguni, nahe des Vulkans Aso
**1996**
Sundial House, Fukuoka

**Unten**
*Transparenz lautet die Parole auch im Innern des Hauses, sogar einzelne Möbelstücke und die Nippes sind aus Glas.*

*Ein Haus direkt an der Steilküste über dem Japanischen Meer.*

trennbar eins, wenn die Wolken aufrissen, dann um ein apokalyptisches Licht freizugeben. Er spürte, wie die gläsernen Wände um ihn herum bei jedem Windstoß zitterten, hörte, wie die tragenden Pfeiler erschüttert wurden, ächzten und wieder aufatmeten. Das Haus bog sich im Sturm, aber es hielt ihm stand. Shoei Yoh wollte diese Erfahrung machen, er hat sie überlebt. Seither ist der Architekt vorsichtiger geworden. Bei Sturmwarnung bleibt er lieber im Hafen, genauer in Fukuoka, der Hauptstadt der Insel Kiushu. Man kann nur einmal im Leben Kamikaze spielen.

Das Haus aber, das er für sich gebaut hat, ist und bleibt ein Ort der Grenzerfahrungen. Der Himmel, das Meer, die Felsenküste und sonst nichts. Die Straße führt weiter oben an dem Steilabhang entlang. »Von hier bis zum Meer sind es hundertvierzig Meter«, stellt Shoei Yoh lakonisch fest. »Ungefähr die Höhe eines Wolkenkratzers.« Der Vergleich wirkt ungewöhnlich in einer solchen Umgebung. Aus dem Mund eines Architekten kommt er nicht zufällig. Natur und Architektur können und müssen laut Shoei Yoh einen Dialog führen. An der mit üppiger tropischer Vegetation bedeckten Steilküste, die zum Japanischen Meer hin abfällt, hat er zunächst zwei große, parallel verlaufende Betonscheiben gießen lassen. Danach hat er sie ausgehöhlt und weiter bearbeitet, um der Landschaft gleichsam einen Rahmen zu verpassen. Ihr rohes, massives Aussehen sollte durchaus erhalten bleiben, um klar zu machen, dass sie es sind, die über die architektonischen Spielregeln bestimmen.

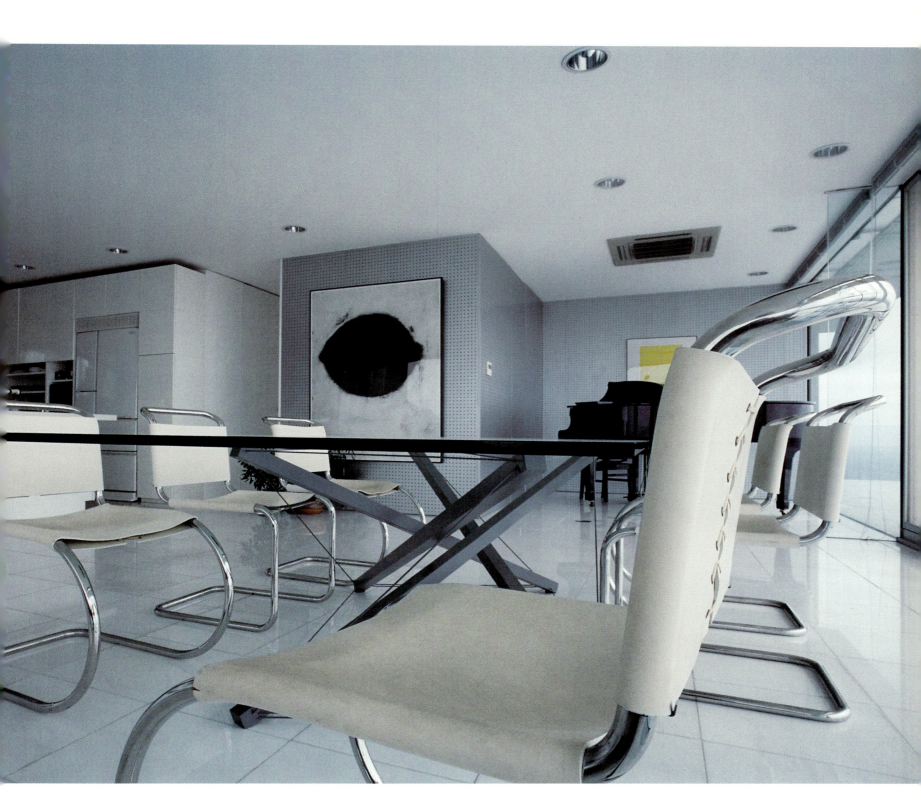

An diesen beiden Scheiben ist das Haus selbst aufgehängt, ohne je den Boden zu berühren. An einigen Stellen streicht es höchstens leicht darüber hin, wie um dadurch die Distanz noch stärker zu betonen. Es ergeben sich dadurch zwei Linien in der Horizontalen, der Fußboden und die Decke, die frei über den Abgrund ragen. Die Konstruktion ist mit einigen schmalen und fast unsichtbaren Stahlrohren befestigt. Aus der Ferne wirkt das Gebäude wie ein Bindeglied zwischen Land und Meer. Die Zugbrücke einer imaginären Festung. Eine durch die Technik geschaffene Metapher all der Kräfte und Strömungen, die jene ferne tropische Landschaft im Süden der japanischen Inselkette geformt haben.

*Ein Gehäuse, das den Kontakt mit den elementaren Kräften der Natur so wenig wie möglich beeinträchtigen soll.*

Auf der Rückseite sind die Haltevorrichtungen unauffällig in der Erde verankert. Der Architekt hat dort einen kleinen, typisch japanischen Garten angelegt, mit Ziersträuchern und Bäumen für die Kirschblüte. Der Platz ist eingefasst, klein, übersichtlich – ein bewusster Gegensatz zu der grenzenlosen Weite der umgebenden Landschaft. Zwischen den zwei riesigen Betonscheiben, die spürbar enorme Zug- und Druckkräfte aushalten müssen, ist auf der ganzen Länge des Hauses ein Schwimmbecken angelegt. »Das Becken hält das Gegengewicht. Würde man es leeren, würde das ganze Haus nach vorne kippen«, sagt Shoei Yoh. Er lacht dabei, aber man kann nicht ganz sicher sein, ob er wirklich nur einen Scherz macht. Nichts scheint in diesem Reich, in dem ständig die Schwerkraft überwunden wird, undenkbar zu sein.

Um aus den beiden horizontalen, parallelen Ebenen ein Haus werden zu lassen, musste noch eine Umfassung hinzukommen. Shoei Yoh beschloss, so minimalistisch wie möglich zu verfahren. Schon immer hatte ihn das Werk von Mies van der Rohe und dessen Umgang mit Glas fasziniert. Auch das

*Auch das Alltagsritual des Badens geschieht mit Blick auf einen weiten Horizont.*

Büro, das er für sich errichtet hatte, war schon ein Glasbau gewesen. Dieses Mal will er in seinen Plänen jedoch noch weiter gehen. Er will die größtmögliche Transparenz. Als Außenwände verwendet er darum ausnahmslos Glasplatten. Normalerweise werden diese an Metallträgern befestigt. Hier jedoch hätte ein solches Gerüst den Blick auf die Landschaft zu sehr behindert, die Magie des Ortes zerstört. So werden die Glasplatten nur mit Silikon befestigt. Mag da kommen, was will.

Der ganze Bau wirkt ausgesprochen experimentell. »Diese Konstruktion war nur möglich, weil es mein eigenes Haus werden sollte, für keinen anderen Kunden hätte ich so bauen können. Und auch das Bauunternehmen hätte sich bei jedem anderen geweigert. Die statischen Berechnungen hatten gestimmt. Aber die von uns verwendete neue Technik war noch nicht wirklich ausprobiert worden.«

Shoei Yoh liebt es, als Architekt das Material zu testen und bis an die äußerste Grenze zu belasten.

# SHOEI YOH

1979 hat er in Kinoshita ein Krankenhaus errichtet – aus Plastik und am Boden vertäut wie ein Zeppelin. Er war außerdem einer der ersten Architekten, die in Japan wieder die Holzbauweise benutzten. Beim Bau einer Turnhalle setzte er außerdem eine alte Technik des Gerüstbaus ein, bei der die Schnittflächen der Balken mittels hoch entwickelter Klebeharze zusammengefügt werden. Das Ergebnis ist harmonisch, ein ganz neues bauliches Konzept, bei dem Material und Konstruktionsweise des Gebäudes ungewöhnlich gut zusammenpassen.

me Züge an, wenn etwa im Winter die Aussicht eingetrübt ist und die Gischt, die bei Stürmen hochspritzt, eine dünne Salzschicht hinterlässt. Spätestens dann wird aus dem am Abhang balancierenden Quader ein unwirkliches Gespenst.

Die Macht der Natur in Szene zu setzen ist dem Architekten Shoei Yoh ein wichtiges Anliegen. Das jüngste Buch, das er veröffentlicht hat, trägt den Titel *Antwort auf die Phänomene der Natur*, und auf eines seiner Werke ist er nach wie vor besonders stolz: einen eigenartigen Kubus, den er 1992 in der

*Auch Glas hat seine eigene Materialität, die nicht völlig verschwinden darf: Das Spiel mit den Lichtreflexen kommt hinzu.*

## »In meinem Haus bin ich der Natur völlig ausgeliefert. Jede Veränderung wird zu einer künstlerischen Geste.«

»In meinem eigenen Haus«, erklärt der Architekt, »bin ich der Natur vollständig ausgeliefert. Jede Veränderung, und sei sie noch so gering, wird hier bedeutungsvoll, wird zu einer künstlerischen Geste. Ein Sonnenstrahl, der durch die Wolken bricht, ein aufkommender Sturm, Nebel, der hochsteigt, ein Gewitterhimmel, in dem immer wieder Blitze aufzucken und plötzlich den Tisch erhellen, an dem ich mit meiner Frau beim Essen sitze … Keine trennende Mauer schiebt sich zwischen die Natur und mich. Die Glaswand ist nichts als eine körperlose Grenze, sichtbar und unsichtbar zugleich. Das Haus wird zu einem Bereich, der das Leben der Familie umgrenzt, ohne sie einzusperren.« Manchmal nimmt dieses völlige Eintauchen in die Natur auch seltsa-

Nähe von Toyama auf einem Berggipfel errichtet hat – als »Freilichtmuseum, das es ermöglichen soll, die Schönheiten der Erde und des ganzen Universums zu betrachten«. Ambitionen als Umweltschützer hat er jedoch nicht. Eher noch ist er ein Mystiker. Und vor allem ein Pragmatiker. »Die Kräfte, die in der Natur am Werk sind, die Widerstandsfähigkeit der Materialien und deren Entwicklung im Verlauf der Zeit – das alles hat unmittelbar mit meiner Arbeit als Architekt zu tun. Ich kann nichts entwerfen und nichts bauen ohne die Natur. Es ist ganz normal, dass ich mich vor ihr verneige.«

Das bedeutet jedoch nicht, sich völlig zurückzunehmen oder die Eingriffe durch die Menschen so weit wie möglich zu verbergen. Im Gegenteil. Denn

*Mit dem Balkon schiebt sich das Haus noch weiter in Richtung des grenzenlosen Horizonts hinaus.*

bei genauerem Hinsehen stellt sich heraus, dass auch Yohs eigenes Haus zwar aus Glas, aber dennoch nicht wirklich transparent ist. Shoei Yoh kennt sich mit transparenten Materialien aber sehr wohl aus. Wie sein japanischer Kollege Tadao Ando ist er erst spät zur Architektur gekommen, hat zuvor Wirtschaft an der Universität in Tokio studiert und dann Möbel entworfen. Als Designer machte er sich einen Namen mit transparenten Glasobjekten. Beinahe unsichtbare Tische, Stühle und andere Möbel, vor denen einige auch in seinem Haus stehen.

»Die Glaswände meines Hauses haben eine Stärke von neunzehn Millimetern. Diese Materialität wollte ich hervorheben, in jeder der Ecken sollten die Schnittflächen sichtbar sein. Genauso wenig wollte ich, dass die natürliche Farbqualität des Materials verloren geht. Glas schimmert immer leicht bläulich, was mich hier überhaupt nicht gestört hat, im Gegenteil.« Gegenüber vom Eingang erstreckt sich ein großer Balkon, der direkt über den Abgrund ragt und dessen gläserne Brüstung von einem noch intensiveren Blau ist. Der Blick vom Innern des Hauses nach draußen trifft zunächst auf diese Fläche – auf einen dazwischengeschobenen Schleier, dessen Grenzlinie sich manchmal, je nach Blickwinkel, mit der des Horizonts überdeckt.

»Ich weiß, dass ein solches Haus wenig mit den normalen Vorstellungen von Wohnen zu tun hat«, fährt Yoh fort. »Trotz Klimaanlage und Heizung sind wir der Hitze und der Kälte ausgesetzt. Trotz des ungewöhnlichen Standorts befinden wir uns ständig im Blickfeld von anderen: Fischer, die auf ihren Schiffen vorbeikommen, die wenigen Nachbarn, die wir hier haben. Aber darin besteht gerade die Herausforderung – den Zwischenraum zu bewohnen, dieses beinahe Nichts, das wir selbst sind.«

In regelmäßigen Abständen steht er auf, um in die Hi-Fi-Anlage, die das Design eines geschwungenen Flugobjekts hat, eine neue CD einzulegen, Musik, die nach Techno klingt. Er schenkt grünen Tee ein. Befasst sich mit einem Ikebana, das seine Frau angefertigt hat, und korrigiert die Anordnung

# ITOSHIMA

der Blüten und Zweige. Spricht über die Nippes aus Glas, die sich im Lauf der Jahre angesammelt haben, die in seinen Traum des leeren Raums eingedrungen sind, ohne ihn jedoch zu verändern. Von einem kleinen Arbeitsraum und dem Schlafzimmer abgesehen, das direkt der Steilküste zugewandt ist, spielt sich das Leben in einem einzigen Zimmer ab – sofern das schwebende, zerbrechliche Gehäuse aus Glas überhaupt ein Zimmer genannt werden kann. »Tradition, Natur und Technologie sind bei mir kein Widerspruch«, bemerkt Yoh beim Abschied.

In den Buchten der Halbinsel Itoshima versuchten die Mongolen an Land zu gehen, um Japan zu erobern. Ein Kamikaze (Götterwind) trieb sie aufs Meer zurück.

## Ricardo Bofill

1939 in Barcelona geboren, machte sich in Spanien als Architekt der Avantgarde einen Namen. Nach Forschungsarbeiten zur »Stadt im Raum« widmet er sich dem Projekt »Walden 7«, einer Wohnanlage nach marokkanischem Vorbild. 1963 gründet er das Team »Taller de Arquitectura«. In Frankreich ist er am Entwurf neuer Trabantenstädte beteiligt. Er wird zum Verfechter industrieller Konstruktionsprinzipien, ohne die Sprache der klassischen Architektur aufzugeben. Der Palacio d'Abraxas in Marne-la-Vallée, die Arcades du Lac in Saint-Quentin-en-Yvelines und die Colonnes in Cergy-Pontoise stammen aus dieser Zeit. In den 80er Jahren ist er mit dem Bau eines ganzen Stadtviertels in Montpellier befasst: Antigone.

Seither ist er international tätig; sein Stil orientiert sich an einem »modernen Klassizismus«. Materialien wie Glas und Stahl werden einbezogen. Der Marché Saint-Honoré in Paris, der Flughafen von Barcelona, das Katalanische Nationaltheater und ein Wolkenkratzer in Chicago sind wichtige Bauten dieser neuen Phase.

## Paul Chemetov

1928 in Paris geboren, ist der Sohn eines nach Frankreich emigrierten russischen Illustrators, dem er nach eigenen Angaben viel verdankt. 1961 gründet er das »Atelier d'Urbanisme et d'Architecture« und beginnt seine Karriere als Architekt mit Entwürfen für den sozialen Wohnungsbau. Er errichtet Bauten in Villejuif, Romainville, Vigneux-sur-Seine und bekennt sich offen zum Marxismus. Als der Brasilianer Oscar Niemeyer in Paris das Zentrum der KPF baut, ist Chemetov ausführender Architekt.

In den 80er Jahren an den großen Bauprojekten der Ära Mitterrand beteiligt, errichtet er das neue französische Finanzministerium in Bercy und wird mit dem Umbau der großen Galerie zur Evolutionsgeschichte im Pariser Museum für Naturgeschichte beauftragt. Er arbeitet dabei häufig mit anderen Architekten zusammen (vor allem Borja Huidobro) und erklärt eine gewisse Stillosigkeit zu seinem Leitmotiv. »Bei meinen Bauten ist nicht viel zu sehen«, kommentiert er. »Sie sind zu benutzen.«

## Günther Domenig

1934 in Klagenfurt geboren, ist einer der bekanntesten Vertreter der sogenannten Grazer Schule, und in Graz, der Landeshauptstadt der Steiermark, befindet sich auch sein Architekturbüro.

Domenig hat von seiner Kindheit in Kärnten Bilder von Almen und sanften Tälern, aber auch von schroffen Felsen und steil aufragenden Bergen in Erinnerung – Eindrücke, die auch heute noch seine Architektursprache prägen.

Seine Bauten sprengen den Rahmen des geschichtlichen oder geographischen Umfelds und verweigern jegliche Anpassung. Die Vielfalt der Formen zu erforschen und neu zusammenzusetzen – mittels geometrischer Berechnungen am Computer – ist sein Ziel als Architekt. Ein Anliegen, das dem Dekonstruktivismus nahe verwandt ist.

Zu seinen Hauptwerken gehören die Z-Bank in Wien, der Ausbau des Stadttheaters in Klagenfurt, ein Wettbewerbsbeitrag für den Neubau der Französischen Nationalbibliothek – und ein großer Vogel aus Metal, »Nixnuznix« genannt, der leitmotivisch in seinen Arbeiten wiederkehrt.

## Massimiliano Fuksas

1944 in Rom geboren, weiß in seiner Arbeit seinem überschwänglichen Temperament adäquat Ausdruck zu verleihen. Bevor er Architekt wird, wirft er seine Ideen und Vorstellungen als Maler mit großen Pinselstrichen aufs Papier (er studierte bei Giorgio de Chirico). Die Entwürfe nehmen allmählich Gestalt an. So hat er die Wohnanlage Candie-Saint-Bernard in Paris gebaut, das Büßerkloster in Rouen saniert und das Prähistorische Museum in Niaux (Frankreich) umgebaut.

Holz, Tuffstein, Blech, Zink, Glas, oxidiertes Kupfer: Seine Bauten zeichnen sich aus durch eine große Materialienvielfalt und einen unkonventionellen Umgang damit. Auch die Raumgliederung, in der er spitze Winkel bevorzugt und auf Details setzt, hat einen sehr ausgeprägten Stil. »Ein Werk, das weder als Architektur noch als Plastik klassifiziert und erfasst werden kann, da es je nach Blickwinkel einfach beides ist. Ganz wie die Werke der Land Art«, schreibt die Kunstkritikerin Doriana Mandrelli, Fuksas' Ehefrau.

## Vittorio Gregotti

1927 in Novara geboren, gilt als einer der führenden italienischen Architekten der Nachkriegszeit. Eine Rolle, die ihm nicht nur wegen seiner Bauten, sondern auch wegen seiner architekturtheoretischen Schriften zuerkannt wird.

Als Buchautor (*Questioni di architettura*, 1986; *La Città visibile*, 1993; *Le Scarpe di Van Gogh*, 1994 ...) und als Chefredakteur der einflussreichen

Architekturzeitschrift *Casabella* (seit 1953) hat er seine praktische Tätigkeit durch theoretische Reflexionen ergänzt.

Seine Gedanken kreisen dabei vornehmlich um das Verhältnis zwischen Architektur und Landschaft. Der Architekt darf seiner Meinung nach nicht versuchen, sich dem Umfeld anzupassen und möglichst unauffällig zu bleiben. Er soll im Gegenteil in bestehende Zusammenhänge eingreifen und sie verändern. Der Bau der Universität von Cosenza in Kalabrien verdeutlicht diese Position: Das Gebäude ist wie ein Viadukt konzipiert und setzt sich großzügig über die natürlichen Gegebenheiten des Geländes hinweg.

Weitere wichtige Bauten sind das Kulturzentrum von Belém in Lissabon, die Stadien in Barcelona und Genua, verschiedene Privathäuser und das Technologiezentrum Bicocca in Mailand. Gregotti hat aber auch Ausstellungsräume entworfen (»Le Corbusier« im Centre Pompidou, Showroom für Ferrari) und sogar zwei Kreuzfahrtschiffe der Reederei Costa.

### Hiroshi Hara

1936 in Kawasaki geboren, absolvierte ein Architekturstudium in Tokio und den Vereinigten Staaten. Später gründete er das »Atelier F« und arbeitet seither im Grenzbereich zwischen technisch-futuristischer Moderne und japanischer Tradition.

So konzipierte er Wohnmodule für den Mond und baute in Kioto einen gigantischen Bahnhof, bezeichnet sich aber zugleich seiner philosophischen Grundhaltung nach als Buddhist. Was für ihn bedeutet, in seinen Bauwerken Widersprüche durchaus zuzulassen, ja sie bewusst einzubauen. In die Natur und die Einsamkeit zieht er sich zurück, um dort über Probleme des Städtebaus nachzudenken, und mit seinen Wolkenkratzern in Osaka war er der erste, der Hochhäuser durch hängende Gärten verbunden hat.

Im Augenblick arbeitet er am Stadion für die nächste Fußballweltmeisterschaft in Sapporo, dessen Rasenfläche beweglich sein soll, um je nach Wetter im Freien oder in einer geschlossenen Halle spielen zu können.

### Norihide Imagawa

1947 in Hiroshima geboren, ist zugleich Architekt und Ingenieur. 1978 gründete er seine Firma TIS & Partners, die inzwischen Niederlassungen in Tokio, Manila und Hiroshima hat. Sein Spezialgebiet sind die natürlichen Eigenschaften verschiedenster Baumaterialien, von Stahl über Beton und Glas bis hin zu Holz. Seine große fachliche Kompetenz auf diesem Gebiet ließ ihn zum gefragten Mitarbeiter international bekannter Architekten werden, für die er große Projekte ausführte, wie die Universität von Shizuoka, die Bibliothek in Mito oder das Skywalk Building in Singapur.

Imagawa hat außerdem ein neues dreidimensionales Stahlgerüst für Beton entwickelt, das eine erhebliche Zeitersparnis sowie eine qualitative Verbesserung mit sich bringt.

Bisher hat er noch kein größeres Projekt unter eigener Regie errichtet, was sich jedoch bald ändern kann, denn er hat vor, mit einem eigenen Architekturbüro aufzutreten.

### Enric Miralles

1955 in Barcelona geboren, hat sich seinen Namen als Architekt der Avantgarde vornehmlich außerhalb seiner Heimatstadt gemacht. Einem größeren Publikum wurde er durch den Bau des Friedhofs von Igualada in Spanien bekannt.

Besonderes Augenmerk richtet er auf die Gestaltung öffentlicher Räume – ob es sich um den Vorplatz eines Bahnhofs in Japan, die Renovierung einer alten Markthalle in Barcelona oder um die Gestaltung einer neuen Straße handelt (Avenida Icaria, Barcelona). Seine Frau Benedetta Tagliabue, eine italienische Architektin, ist an den meisten Projekten beteiligt.

Mit einem besonderen Gespür für die Landschaft, einer geradezu mystischen Empfänglichkeit für die Orte, führt er in seiner Architektur einen ganz eigenen Dialog zwischen Gebäude und Umfeld. Er verwendet unterschiedlichste Materialien, je nach Umgebung baut er mit Stahl, Beton oder Holz.

### Claude Parent

1923 in Neuilly-sur-Seine geboren, wird heute als Vorläufer diverser zeitgenössischer Architekturströmungen angesehen. Im Verlauf seiner Karriere arbeitete er sowohl mit Künstlern (wie André Bloc) als auch mit Philosophen (Paul Virilio) zusammen – Parent war einer der am stärksten konzeptuell entwerfenden Architekten der 70er Jahre.

Als Verfechter einer mit lichtundurchlässigen, rohen Materialien konstruierten, schmucklosen Architektur, in welcher der Beton eine ganz eigene Schönheit entfaltet, ist Parent getreuer Schüler und zugleich strenger Kritiker Le Corbusiers und der von ihm definierten Dogmen der modernen Architektur. Die schräge Fläche wird Parents eigener praktischer und theoretischer Beitrag. Er entwickelt eine Utopie der schiefen Ebene, die den Grundkonflikt zwischen Wohnen und Bewegung lösen und die Wahrnehmung des Raums grundsätzlich verändern soll. Die Kirche Sainte-Bernadette-de-Banlay in Nevers führt vor, wie die Umsetzung dieser Theorie aussehen könnte, sie hat jedoch nie tatsächliche städtebauliche Geltung erfahren.

Zu Parents Hauptwerken gehören außerdem das Haus des Iran in der Cité Universitaire in Paris, die Villa Drusch sowie die architektonische Planung von französischen Kernkraftwerken.

### Gustav Peichl

1928 in Wien geboren, war von 1973 bis 1996 Professor an der Wiener Akademie der bildenden Künste. Parallel zu seiner Karriere als Architekt hat er immer auch als Karikaturist für verschiedene Tageszeitungen gearbeitet. Sein Pseudonym: Ironimus. Ironisch, unvoreingenommen und mit einer poetischen Ader: Was Gustav Peichl als Mensch auszeichnet, gilt auch für seine Architektur, in der er gerne mit Farben und einfachen geometrischen Formen spielt.

In der internationalen Szene wurde er vor allem durch die Bundeskunsthalle in Bonn bekannt und deren mit farbigen Kegeln besetztes Dach. Peichl selbst beschreibt seine Arbeit als Summe aus »Raum, Funktion, Form, Material, Farbe und Licht«. Dies gilt auch für die in Berlin 1985 fertig gestellte Fabrik zur Entsorgung von Phosphatstoffen und den Erweiterungsbau des Städelschen Kunstinstituts in Frankfurt am Main. Zur Zeit steht einer der ersten Wolkenkratzer Wiens kurz vor der Fertigstellung, der von ihm entworfene Millenniums-Tower.

### Paolo Portoghesi

1931 in Rom geboren, ist einer der entschiedensten Verfechter der Postmoderne, der er eine spezifisch italienische Note gegeben hat. Von nahezu universaler Bildung und ein gelehrter Kenner der Renaissance und des römischen Barock, über den er mehrere Bücher veröffentlicht hat, versteht er seine Architektur vornehmlich als Dialog mit der Natur und der Geschichte.

Angefangen mit dem Haus Baldi (1952), über die Banca Populare del Molise in Campobasso bis hin zur Moschee in Rom verfolgt Venturi ein großes Forschungsprojekt, das sich mit Varianten der klassischen Architektursprache befasst, mit Archetypen des Bauens sowie den Prinzipien von Dynamik und Gegendynamik.

Als Professor an der Polytechnischen Hochschule in Mailand und später an weiteren Universitäten (in Florenz, Rom, Lausanne...) und als Präsident der Biennale in Venedig (1993) hat er zur Debatte um die Architektur der Gegenwart durch seine theoretischen Äußerungen ebenso beigetragen wie durch seine Bauten.

### Richard Rogers

1933 in Florenz geboren, ist fast ebenso sehr Italiener wie Engländer. Seine aus England stammende Familie lebte mehrere Generationen lang in Italien, und erst nach seiner Geburt kehrten seine Eltern nach Großbritannien zurück. Diese Verwurzelung in zwei unterschiedlichen Kulturen hat den Stil des Architekten Rogers merklich beeinflusst: provokant und exzentrisch, zugleich aber von einer ganz eigenen Eleganz.

Anfang der 70er Jahre schloss Rogers sich mit John Young, Marco Goldsmid und Mike Davies zusammen, um als Team bei der Planung wichtiger Gebäude oder städtebaulicher Projekte aufzutreten. Er selbst entwickelte den »Hightech«-Stil, der die Struktur des Gebäudes herausstellt, anstatt die Fassade zu betonen, und eine industrielle Ästhetik auch dort vertritt, wo die Architektur für kulturelle und andere bürgerliche Zwecke gedacht ist.

Nach seiner Zusammenarbeit mit Norman Foster startete Richard Rogers eine internationale Karriere. Er gewann zusammen mit Renzo Piano den Wettbewerb für das Centre Georges Pompidou in Paris und entwarf danach das Hauptgebäude für Lloyd's und den Sitz von Channel 4 in London.

### Heinrich Stöter

1959 in Hamburg geboren, hat seine beruflichen Aktivitäten bisher vor allem auf den Bau seines eigenen Hauses, »E96«, konzentriert. Dies gab ihm die Möglichkeit, seiner Phantasie freien Lauf zu lassen und seine surrealistisch angehauchten Vorstellungen von Architektur in die Tat umzusetzen.

Stöter, der sich auch mit der Frage beschäftigt, wie moderne Kunst architektonisch zur Geltung gebracht werden kann, war bereits mit mehreren größeren Projekten befasst, etwa dem Umbau eines alten Bahnhofs in ein Kunst- und Kulturzentrum in Sineu auf Mallorca, der Sanierung des *Spiegel*-Verlagshauses sowie mehrerer Fabriken.

## Biographische Daten

**Bernard Tschumi**

1944 in Lausanne geboren, ist nicht nur Architekt, sondern auch Architekturtheoretiker. 1988 wurde er zum Dekan für Architektur an der Columbia University berufen. Lange Zeit lebte er in London; zur Zeit pendelt er zwischen Paris und New York, wo sich seine beiden Architekturbüros befinden.

Tschumi baut in einem streng modernen Stil – in der internationalen Szene machte er zum ersten Mal auf sich aufmerksam, als er den Wettbewerb um den Parc de la Villette in Paris gewann. Quer über das Gelände verstreut errichtete er dort seine »folies« genannten, blutroten Pavillons. Auch das Nationale Studio für zeitgenössische Kunst in Tourcoing wurde von ihm erbaut sowie verschiedene Hochschulgebäude, unter anderem an der Columbia University und in Marne-la-Vallée.

Ohne im engeren Sinn dekonstruktivistisch genannt werden zu können, verweigert sich Tschumis Architektur jeglicher eindeutigen Interpretation und gibt von ihrem Entstehungsprozess nichts preis. Sie betont den leeren Raum, die nicht weiter definierten Zwischenräume und eine klare Trennung der Funktionen.

**Oswald Mathias Ungers**

1926 in Kaisersesch geboren, ist einer der wichtigsten deutschen Architekten der Nachkriegszeit. Als Professor an der Harvard und Cornell University, der Technischen Universität von Berlin, der Kunstakademie Düsseldorf und San Luca hat er Generationen von Architekturstudenten beeinflusst. In seinen Anfängen dem »Neuen Brutalismus« zuzurechnen, wendet er sich auch später gegen jedes Bauornament und gegen die Forderung, dass ein Gebäude sich seinem Umfeld anzupassen habe.

Die strenge, rationalistische Architektur, die er seither entwickelt hat, weist ebenso sehr Bezüge zur Antike auf wie zu Le Corbusier. Ganz auf die reine Geometrie der Bauformen konzentriert, hat Ungers seine Bauten nach und nach von allen überflüssigen Details befreit. Was bleibt, ist die makellose, pure Harmonie der Proportionen.

Zu seinen Hauptwerken zählen der Umbau einer Villa zum Deutschen Architekturmuseum in Frankfurt am Main (1978), die Residenz des Deutschen Botschafters in Washington D.C. (1987), der unlängst eingeweihte Erweiterungsbau der Hamburger Kunsthalle sowie die Friedrichsstadt-Passagen in Berlin (1992–96).

**Robert Venturi**

1925 in Philadelphia geboren, war in den 70er Jahren einer der Vordenker der amerikanischen Architekturszene. Was Andy Warhol für die Malerei bedeutete, war Venturi für die Architektur. Sein Buch *Lernen von Las Vegas* wirkte seinerzeit wie ein Schock. Zum ersten Mal wagte es ein Architekt, die Schönheit des großen »Strip« zu feiern, Neonreklamen und Werbeplakate mit venezianischen Kanälen zu vergleichen.

In den USA wurde er damit zum Begründer der Postmoderne und tritt seither in der Architektur für den erneuten Gebrauch von Symbolen ein und das Nebeneinander verschiedener Stile und Kulturen. Ein Motel oder eine Tankstelle haben für ihn die gleiche Bedeutung wie eine Villa von Palladio.

Zu seinen Hauptwerken zählen das Haus, das er in den Hügeln von Philadelphia für seine Mutter errichtet hat, mehrere Einkaufszentren, zahlreiche Gebäude an amerikanischen Universitäten sowie der heftig diskutierte Erweiterungsbau der National Gallery in London.

Seit Beginn seiner beruflichen Laufbahn arbeitet Robert Venturi eng mit seiner Ehefrau Denise Scott Brown zusammen, die ebenfalls Architektin ist.

**Shoei Yoh**

1944 in Kumamoto geboren, kam erst auf zweitem Bildungsweg zur Architektur. Er studierte zunächst Wirtschaft und arbeitete als Designer, bevor er 1970 ein eigenes Architekturbüro eröffnete. Er benutzt mit Vorliebe neue und unkonventionell verarbeitete Materialien (wie Plastik, Stahl, geklebtes Glas), ist aber zugleich sehr naturverbunden. Shoei Yoh lebt und arbeitet auf der Insel Kiushu im Süden von Japan, die landschaftlich besonders reizvoll und wild ist.

Yoh versucht in seiner Architektur, die beiden gegensätzlichen Pole seiner Persönlichkeit zu versöhnen, und versteht seine Bauten als Bühne für natürliche und kosmische Ereignisse.

So erstaunt es nicht, dass zu seinen Hauptwerken eine Aussichtspyramide über einem Fährhafen zählt, ein Museum und Observatorium auf einem Berggipfel sowie ein Gasmuseum in Fukuoka.

# Bibliographie

**Ricardo Bofill**
*Ricardo Bofill und Taller de Architectura.* Hrsg. von Annabelle d'Huart. Stuttgart 1985
Bofill, Ricardo/André, Jean-Louis. *Espaces d'une vie.* Paris: 1994
*Architekten – Ricardo Bofill und Taller de Arquitectura.* Stuttgart: 1997

**Paul Chemetov**
Chemetov, Paul. *La Fabrique des villes.* Paris: 1992
Ders. *Le territoire de l'architecte.* Paris: 1995
Ders. *20 000 mots pour la ville.* Paris: 1996

**Günther Domenig**
Domenig, Günther. *Das Steinhaus. Katalog zur Ausstellung im Österreichischen Museum für Angewandte Kunst.* Wien: 1989
Ders. *Werkbuch.* Salzburg: 1991
Ders. *Steinhaus in Steindorf. Zeichnungen und Modelle.* Klagenfurt: 1993
Ders. *Standpunkte '94.* Graz: 1994
*Architekten – Günther Domenig.* Stuttgart: 1997

**Massimiliano Fuksas**
Fuksas, Massimiliano. *Massimiliano Fuksas. Neue Bauten und Projekte.* Zürich: 1994
Ders. *One Zero architectures.* Mailand: 1997

**Vittorio Gregotti**
*Architekten – Vittorio Gregotti.* Stuttgart: 1995
Rykwert, Joseph. *Gregotti and associates.* New York: 1996
Gregotti, Vittorio. *L'identità dell'architettura europea e la sua crisi.* Turin: 1999

**Hiroshi Hara**
Hara, Hiroshi. *Flora of Eastern Himalaya.* Universität Tokio: 1971
Ders. *Enumeratio spermatophytarum Japonicarum.* Königstein: 1972

**Norihide Imagawa**
Imagawa, Norihide. *Timber Companion.* Universität Tokio: 1990

**Enric Miralles**
*Architekten – Enric Miralles und Carme Pinos.* Stuttgart: 1995
Miralles, Enric. *CNAR, Alicante.* Hrsg. von Axel Menges. Stuttgart: 1995
Tagliabue, Benedetta. *Works and Projects 1975–1995.* New York: 1996

**Claude Parent**
Parent, Claude/Virilio, Paul. *Architecture principe.* Besançon: 1966
Parent, Claude. *L'Architecte, bouffon social.* Paris: 1982
Ragon, Michel. *Claude Parent. Monographique critique d'un architecte.* Paris: 1982

**Gustav Peichl**
Peichl, Gustav. *Architekten sind auch nur Künstler.* Berlin: 1989
Kulenkampff, Annette (Hrsg.). *Gustav Peichl. Bauten und Projekte.* Stuttgart: 1992
Peichl, Gustav. *Neue Projekte.* Zürich: 1996
Ders. *Marginalien zur Architektur. Beiträge zur praktischen Theorie.* Wien: 1997

Ders. *Ironimus. Karikaturen aus 5 Jahrzehnten.*
Wien: 1998
*Architekten – Gustav Peichl.* Stuttgart: 1998

**Paolo Portoghesi**
Portoghesi, Paolo. *Francesco Borromini. Baumeister des römischen Barock.* Stuttgart/Zürich: 1977
Ders. *Ausklang der modernen Architektur. Von der Verödung zur neuen Sensibilität.* Zürich: 1982
Ders. *Arte Florale.* Berlin 1988
Ders. *Arte e Natura.* Mailand: 1997

**Richard Rogers**
Rogers, Richard. *Architektur. Ein Plädoyer für die Moderne.* Frankfurt: 1993
Powell, Kenneth. *Richard Rogers.* Zürich: 1994
Sudjic, Deyan. *The Architecture of Richard Rogers.* London: 1994
*Architekten – Richard Rogers.* Stuttgart: 1995
Burdett, Richard. *Richard Rogers. Bauten und Projekte.* Stuttgart: 1996

**Heinrich Stöter**
*Architektur in Hamburg. Jahrbuch 1997.* Hamburg: 1997
*Hamburg und seine Bauten 1985–2000.* Hamburg: 1999

**Bernard Tschumi**
Tschumi, Bernard/Merlini, Luca. *Bernard Tschumi, disjunctions.* Berlin: 1986
*Architekten – Bernard Tschumi.* Stuttgart: 1994
Tschumi, Bernard. *Architecture and Disjonction.* Harvard: 1994

**Oswald Mathias Ungers**
Ungers, Oskar Mathias. *Die Thematisierung der Architektur.* Stuttgart: 1983
Ders. *Architektur 1951–1990.* Stuttgart: 1991
Barth, Frank; Anja Albers (Hrsg.). *O. M. Ungers, Architekt.* Stuttgart: 1994
Kieren, Martin. *Oswald Mathias Ungers.* Zürich: 1994
*Architekten – Oswald Mathias Ungers.* Stuttgart: 1997
Ungers, Oswald Mathias. *Bauten und Projekte 1991–1998.* Stuttgart: 1998
Ders. *Ungers – Zwischenräume.* Ostfildern: 1999
Ders. *Was ich immer schon sagen wollte über die Stadt, wie man sich seine eigenen Häuser baut, und was andere über mich denken.* Wiesbaden: 1999

**Robert Venturi**
Moos, Stanislaus von. *Venturi, Rauch und Scott Brown, Projekte und Bauten.* München: 1989
Venturi, Robert. *Mutters Haus. Die Entstehung von Vanna Venturis Haus in Chestnut Hill.* Vorwort von Aldo Rossi. Basel: 1992
Ders. *Komplexität und Widerspruch in der Architektur.* Wiesbaden: 1993
*Architekten – Robert Venturi.* Stuttgart: 1995
Ders. *Lernen von Las Vegas. Zur Ikonographie und Architektursymbolik der Geschäftsstadt.* Wiesbaden: 1997
*Architekten – Robert Venturi.* Stuttgart: 1998

**Shoei Yoh**
Iannacci, Anthony. *Shoei Yoh. In response to natural phenomena.* Mailand: 1997

DANKSAGUNG

An alle Architekten,
die ihre Häuser für uns geöffnet haben.

An Constance Borde und Isabelle Camard,
die uns zu ersten Kontakten verholfen haben.

An Mayumi und Norihide Imagawa sowie Claude Parent,
die hilfreiche Fürsprecher bei ihren Kollegen waren.

An Shilpa Mehta im Büro von Robert Venturi,
Charlotte Kruk im Sekretariat von Bernard Tschumi
und das Japanische Kulturzentrum in Paris
für die logistische Unterstützung.

Unser besonderer Dank gilt Julien Donada,
der mit viel Geduld
so manche Termine aufeinander abgestimmt hat.

Titel der Originalausgabe: Intérieur Extérieur –
Les architectes et leur maison
Fotos von Eric Morin
Text von J. Louis André
Erschienen bei Les Editions du Chêne – Hachette Livre
1999
Copyright © 1999 Editions du Chêne – Hachette Livre

Die Deutsche Bibliothek – CIP-Einheitsaufnahme
Ein Titeldatensatz für diese Publikation ist bei Der
Deutschen Bibliothek erhältlich

Deutsche Erstausgabe
Copyright © 2000 von dem Knesebeck GmbH & Co.
Verlags KG, München

Umschlagabbildung: Haus von Shoei Yoh, Japan
Gestaltung: Jean-Christophe Husson
Satz: satz & repro Grieb, München
Printed in France

Alle Rechte, insbesondere das Recht der Vervielfältigung
und Verbreitung, vorbehalten. Kein Teil des Werkes darf in
irgendeiner Form (durch Fotokopie, Mikrofilm oder ein
anderes Verfahren) ohne schriftliche Genehmigung des
Verlags reproduziert oder unter Verwendung elektronischer
Systeme verarbeitet, vervielfältigt oder verbreitet werden.